Martin Malirsch

Europäisches Projekt im Dilemma Modus

Verwerfungen durch Vielfachkrisen

Martin Malirsch

Europäisches Projekt im Dilemma Modus

Verwerfungen durch Vielfachkrisen

Bibliografische Information der Deutschen Nationalbibliothek:
Die Deutsche Nationalbibliothek verzeichnet diese Publikation in der Deutschen Nationalbibliografie; detaillierte bibliografische Daten sind im Internet über http://dnb.ddb.de abrufbar.

ISBN 978-3-96103-001-9

Umschlagillustration: Martin Malirsch

www.rediroma-verlag.de
9,95 Euro (D)

Autor

Martin Malirsch, Jahrgang 1944
Lehrtätigkeit (Sekundarstufe I) und Ausbildung von Lehrkräften im Vorbereitungsdienst (Referendariat) bis 2010. Zur Zeit Ausbildung und Betreuung von Lehramtsstudierenden in Schulpraktischen Studien an der Universität in Kassel.

Bisherige Veröffentlichungen

„Kerngeschäft Unterricht", 2012
Akzentuierte Bestandsaufnahme der Paradigmenwechsel

„Wertebildungsprozess in der Marktgesellschaft", 2013

„Big Data", 2013
Büchse der Pandora, Datenhimmel oder Cyber-Hölle

„Hegemoniale Welt(um)ordnung", 2014
Globalisierungsinduzierte Erosionen

„Digitale Netzwerkgesellschaft" 2015
Realutopische Szenarien zur Zukunftsfähigkeit

Um die Lesbarkeit zu vereinfachen wird auf die zusätzliche Formulierung der weiblichen Form verzichtet, die männliche wird explizit als geschlechtsunabhängig verstanden.

„Fuck the EU“

Victoria Nuland*, 6.Februar 2014

Thymos oder Kognition ?

* Zuständige Abteilungsleiterin im amerikanischen Außenministerium für Europafragen zur Rolle der EU in der Ukraine.

INHALT

„Selbst in diesen schwierigen Zeiten bleibt die EU eine Inspiration für Länder und Menschen in der ganzen Welt, und die internationale Gemeinschaft braucht eine starke Europäische Union.“

EU-Kommissionspräsident José Manuel Barroso, 2012, Verleihung des Friedensnobelpreises an die Europäische Union

0. Vorwort

Bürgerkriege stürzen den Nahen und Mittleren Osten und Teile Afrikas in Chaos: Staatliche Ordnungen zerfallen, die Zivilisation befindet sich auf dem Rückzug. Warlords, Terrormilizen und arabische, islamische Staaten kämpfen um Einflusssphären mit Gräueltaten, Kriegshandlungen und willkürlichen Morden. Aufgrund solcher Konflikte verlassen Menschen ihre Heimat und sind auf der Flucht, die Mehrzahl auf den Weg nach Europa, in die Industrieländer mit den Wohlstandsinseln und ihren vergleichsweise hohem Lebensstandard.
Allein der säkulare Staat garantiert die Menschenrechte durch die Verfassung. Die Akzeptanz dieses Verfassungsverständnis durch Muslime erscheint konfliktbeladen. Denn der Koran verlangt eine andere, eine religiös-fundamentierte Gesellschaftsordnung: Tragende Säulen für Muslime sind nicht Staat, Individuum und Recht, sondern u. a. Clan, Koran und Umma.
Die Bundesrepublik jedoch stellt sich weltweit als "europäisch gewachsene Kulturnation und freiheitlich-demokratischer Rechtsstaat" dar (Bundestag 2004)
Die Flüchtlingswanderung ist für die Kultur- und Schicksalsgemeinschaft der Staatsbürger Europas eine große Herausforderung, die Integration der Flüchtlinge scheint nur dann erfolgreich zu sein, wenn diese sich als Individuum erkennen und aus der religiös verordneten Unmündigkeit heraustreten.
In der Europäischen Union des ‚alten' Kontinents überschatten Terroranschläge Finanzblasen, Wirtschaftskrisen, Arbeitslosigkeit, sterbende Industrieregionen, verkommende Wohngettos, unsichere Jobs usw. zunehmend das Leben der Bürger in den Nationalstaaten und sie signalisieren wachsende Unzufriedenheit gegenüber den politischen Eliten und eine sich verstärkende Abgrenzung gegen ‚andere'.

Islamisten und radikalisierte Europäer verüben Terroranschläge in europäischen Hauptstädten mit dem Ziel, Grundwerte und Menschenrechte, Solidarität, Freiheit, einschließlich des Rechts auf freie Meinungsäußerung, Pluralismus, Demokratie, Toleranz und Menschenwürde als zentrales Anliegen der Europäischen Union, zu bekämpfen, die offene Gesellschaft zu destabilisieren. Die Regierungen der EU erklären einvernehmlich mit Entschlossenheit, gegen ethnische oder religiös motivierte und rassistische Gewalt zu reagieren, um die gemeinsamen Werte ihrer Bürger zu schützen und zu bewahren.

Aufgrund ständig neuer Bedrohungen und Abwehr extremer Gefahrenpotentiale wie Terrorismus ist eine rein national ausgerichtete Sicherheitspolitik im europäischen und globalisierten Kontext kaum Erfolg versprechend, sie muss multilateral und multidimensional (politisch, militärisch, ökonomisch etc.) agieren. Mit dem zunehmenden Sicherheitsbedürfnis werden verfassungsrechtliche, rechtsstaatliche, bürgerrechtliche, parlamentarische und auch demokratische Aspekte berührt, die zum Dilemma führen können hinsichtlich Einschränkungen individueller Freiheit und damit zu neuen Unsicherheiten.
Relative Sicherheit ist als konstitutiver Bestandteil einer demokratischen Verfassung in der pluralistischen Gesellschaft der EU zu gewährleisten. Allerdings vollzieht sich in einer offenen Gesellschaft ein dynamischer Wandel von ‚nationaler' zur ‚humanitären', von ‚militärischer' zur ‚ökologischen' und von der ‚territorialen' zur ‚globalen' Sicherheit. Vordringlich wird eine Risikovorsorge vor der Bedrohungsabwehr gesehen.

Die EU befindet sich in der größten Legitimationskrise ihrer Geschichte Die EU-Eliten sind maßgeblich für den Vertrauensverlust in das europäische Projekt verantwortlich.
Weder wurde eine effiziente Terrorabwehr mit umfassendem Informationsaustausch und gemeinsamem frühzeitig koordiniertem Polizeieinsätze aufgebaut, noch ein bestandfestes Flüchtlingsabkommen geschaffen. Dies alles geschieht auf dem Hintergrund steigender Einkommensdisparitäten mit einer

Arbeitslosenraten zwischen sechs und 30 Prozent, steigendem Nationalismus und Extremismus in vielen Mitgliedsländern.

Für die föderalen Bindungen Europas erwachsen gefährliche Bedrohungen:
Gefühltes Brüchigwerden europäischer Sozialstaatlichkeit, Erosionen innerstaatlicher Globalisierungsfolgen, als fremdbestimmt empfundene Migration mit einhergehender Multiethnizität und Multikulturalität.
Wahrgenommene Auflösung und Verlust gesellschaftlichen Zusammenhalts, kaum direkter Einbezug anstehender die Bürger Europas betreffende Entscheidungen führen zu immer schneller anwachsenden Unzufriedenheiten.

„Im Kern geht es darum, auf dem eingeschlagenen Pfad der Konvergenz eine Position der gemeinsamen Verantwortung zu erreichen. Eine solche Verantwortungsgemeinschaft wird freilich im Ernstfall auch eine Haftungsgemeinschaft sein müssen, und eben dies ist der Rubikon, den die Europäer (und nicht zuletzt die Deutschen) noch zu überschreiten haben.“[1]

---

[1] Andreas Wirsching, 23. Februar 2016, https://causa.tagesspiegel.de/in-der-eu-bleibt-der-wille-zur-verantwortung-erkennbar.html

„Die europäische Vereinigung auf der Grundlage einer Vertragsunion souveräner Staaten darf allerdings nicht so verwirklicht werden, dass in den Mitgliedstaaten kein ausreichender Raum zur politischen Gestaltung der wirtschaftlichen, kulturellen und sozialen Lebensverhältnisse mehr bleibt."

Bundesverfassungsgerichts, Lissabon-Urteil, 30. Juni 2009.

1. Thematische Hinführung

Mit dem Begriff „Europäisches Projekt“ wird auch die Finalitätsdebatte - aktuelle Diskussion über das Endziel der Europäischen Union- impliziert, insbesondere hinsichtlich gegensätzlicher Auffassungen von Lösungsversuchen zur aktuellen Krisenbewältigung.

Befürworter eines künftigen „Bundesstaates“ sehen als Endziel den europäischen Föderalismus mit eigener Verfassung. Die „Völkerrechtssubjektivität“ (Träger völkerrechtlicher Rechte und Pflichten) der einzelnen Mitgliedstaaten würde somit auf den neuen Bundesstaat übergehen. Bundeskanzlerin Angela Merkel spricht sich dafür aus, die Europäische Union langfristig mit staatsähnlichen Befugnissen auszustatten, sie sei für eine europäische Regierung.

Gegner dieser Zielvorstellung dagegen bevorzugen den „Staatenbund“ (Zusammenschluss souveräner Staaten, Mitgliedsstaaten), derzeit ‚status quo’ (‚Europa der Vaterländer’)

Die Vision eines europäischen Bundesstaates* sei gerade in Zeiten der Krisen wieder aktuell, weitere Integrationsschritte müssten angedacht werden, so der Präsident des Bundes-Verfassungsgericht Andreas Voßkuhle; es sei eine schleichende Transformation in einen europäischen Bundesstaat spürbar.

Divergierende Zielvorstellungen der politischen Elite und der Bürger in den Mitgliedsstaaten hinsichtlich Bewältigung latenter und offener Krisen führen derzeit zu erheblichen Verwerfungen.

Im Wesentlichen sind in den instabilen Finanzmärkten, der Griechenlandkrise (Euro-Krise), in neuen Konflikten mit

* Das deutsche Bundesverfassungsgericht hat in seiner Entscheidung vom 12. Oktober 1993, die EU als Staatenverbund bezeichnet;
ein supranationales Konstrukt *sui generis*, das über einen organisierten Staatenbund hinausgeht; allerdings ist die EU kein Staat, besitzt neben einer Verwaltung auch feste Kompetenzen, die auf Basis der EU-Verträge vom Europäischen Gerichtshof überprüft werden.

Russland, in den Terroranschlägen islamistischer Fundamentalisten, in der Flüchtlingskrise und in der Destabilisierung peripherer Räume Europas die gegenwärtigen gewaltigen Krisenherde in Gesellschaft und Politik der Europäischen Union (EU) auszumachen. Westliche Errungenschaften wie das Wertesystem, die Würde, Freiheit und Sicherheit der Menschen sowie Institutionen wie Demokratie, Rechtsstaatlichkeit, und soziale Marktwirtschaft scheinen gefährdet. Dennoch strömen Menschenmassen nach Europa, nach Sicherheit und auch nach mehr Wohlstand suchend. Die vielen Flüchtlinge, die aus Bürgerkrieg und Not nach Europa drängen, generieren ein Konfliktpotenzial im Blick auf eine gemeinsame Wertebasis. Europäer treffen auf Bürger, die mit ihrem Land, ihrer Regierung und Staatsform unzufrieden sind, verstärkt durch eine den Unionsbürgern fremde Kultur, dem Islam.

Erodierende Prozesse am rechten und linken Rand leisten einer Fragmentierungen der Gesellschaft, populären Gruppierungen und Parallelgesellschaften Vorschub.

Desinformationen - ob nun von rechts oder von links - sickern zusehends in die Mitte der Gesellschaft. Viele politische Akteure ziehen Nutzen aus der Eskalation, nicht um Probleme zu lösen, sondern sie dramatisieren Missstände, um Angst zu schüren und so verunsicherte Bürger in die Arme von Autoritären zu treiben.

„Wir linken Intellektuellen sind gescheitert." Intellektuelle müssten „Übersetzer" sein, die das, was in der modernen Welt geschieht, den Menschen erklären, denn die hätten ja durchaus ein Recht darauf, Angst zu haben vor Veränderungen.

Jetzt gelte es, das Versäumte „mit den Instrumenten der Demokratie" wieder zu reparieren. „Auch ich habe Angst und weiß, dass ich Grenzen habe", sagte die polnische Schriftstellerin Joanna Bator zur 2. Europäischen Schriftstellerkonferenz in Berlin, Mai 2016

Ein verfassungsrechtlich garantierter Rechtsstaat mit Ordnungsstrukturen für Frieden, Freiheit und Wohlstand muss

aber Sorge tragen, ein möglichst hohes Maß an Akzeptanz für alle Menschen innerhalb eines Staates zu gewährleisten.
„Demokratische Gesellschaften benötigten starke Gruppen, die (immer wieder) normsetzend, -bildend und -kontrollierend sind und dies im besten Falle ohne staatliche Kontrolle und/oder Aufforderung tun. Wenn sich aber in normbildenden Gruppen Menschenfeindlichkeiten normalisieren, dann hat das massive Auswirkungen auf den Einzug anti-demokratischer Ideologien, wie sie in rechtsextremen Milieus immer wieder und ungeachtet einer Anklage ihrer terroristischen Motivation offenbar werden.“[2]
Sobald Demokratie mit ihren Werten, Normen und Spielregeln zur Kontrolle von Konflikten nach Überzeugung von Menschen sich zunehmend als untauglich erweist, werden rechtsextreme und menschenfeindliche Organisationen davon profitieren.
Misstrauen und das Gefühl der Entfremdung von der Funktionsfähigkeit der Gesellschaft mobilisieren destruktive Kräfte mit Auswirkungen hinsichtlich anti-europäischer Reflexe.
Es habe sich eine politische Entfremdung in den letzten 20, 30 Jahren eingestellt.
Viele Leute stimmten mit der Demokratie als Herrschafts- und Lebensform nicht mehr überein. Sie wollten eine klare Führung, Autokraten sollten die Dinge klären. Das ist die Stunde der Populisten, unter der Herrschaft von Sachzwängen (‚alternativlos’) werde „die Quatschbude namens Parlament“ nicht mehr gebraucht, so Claus Leggewie, Direktor des Kulturwis-

[2] Andreas Zick Anna Klein, „Fragile Mitte –Feindselige Zustände Rechtsextreme Einstellungen in Deutschland“ 2014, S. 16
Mit Beiträgen von Eva Groß, Andreas Hövermann und Beate Küpper, Herausgegeben für die Friedrich-Ebert-Stiftung von Ralf Melzer

senschaftlichen Instituts (KWI) in Essen sowie des Centre for Global Cooperation Research in Duisburg.[3]

Das Narrativ vom Wohlstand in der EU kann nicht mehr überzeugen. Das Ziel der Lissabonner Verträge, wachstumsstärkste Region der Welt zu werden, Fehlanzeige: Stagnation in der Wirtschaft, hohe Arbeitslosigkeit in vielen Mitgliedsländern, steigende Staatsverschuldung, fallender Wohlstand der Bürger. Zunehmende Fliehkräfte im politisch linken und rechten Rand populistischer Bewegungen, drohender Brexit als gefährliches ‚Vorbild' für verbleibende EU Staaten, unzureichende Steuerung und Begrenzung des Zuzugs und der Integration von Flüchtlingen, ungenügende Außengrenzensicherung, verfehlte Entwicklungspolitik, Solidaritätsverweigerung usw. verstärken die wachsenden Vertrauensverluste in das Europäische Projekt. Allein das Narrativ der Friedensgemeinschaft und der friedensstiftenden EU kann kaum Begeisterung aktivieren, insbesondere nicht bei der jungen Generation, der das freiheitliche und friedliche Leben eine Selbstverständlichkeit ist.[4]

---

[3] Claus Leggewie, „Die Konsultative", Mehr Demokratie durch Bürgerbeteiligung, Verlag Klaus Wagenbach, März 2016, vogestellt :Leipziger Buchmesse,

[4] Vgl. Holger Steltzner, „ Der europäische Schlamassel" , Erst die Griechen, dann die Flüchtlinge, jetzt Brexit. Europa hat keine Kraft, Konflikte zu befrieden. Angela Merkels Deal mit Erdogan macht das nur noch schlimmer, in : F.A.S., 22. Mai Nr. 20, S. 21

«Wer glaubt, dass Frieden und Wohlstand in Europa festgeschrieben sind und man die europäische Solidarität folgenlos infrage stellen kann, der irrt gewaltig.»

Die Grünen-Vorsitzenden Claudia Roth und Cem Özdemir, Verleihung des Friedensnobelpreises 2012)

2. Vertrauenskrise - Führungskrise

Nach dem 11. September 2001 (kurz 9/11) kündigte die Regierung der Vereinigten Staaten einen globalen „Krieg gegen Terrorismus" an, der weder geographisch noch zeitlich begrenzt ist. Dies erzeugte und erzeugt global öffentliche Angst vor einer schwer fassbaren internationalen Bedrohung. Durch die Ereignisse von 9/11, wie sie von den Medien präsentiert wurden, wurde „al-Qa'ida" allgegenwärtig, gefolgt von ISIS, IS usw.
Finanzkrise, die Wirtschaftskrise, die gesellschaftliche Krise, die politische Krise, die ideologische Krise und die geopolitische Krise, alle von globaler Natur, dominieren und beunruhigen derzeit die globale Agenda.
Im Zeitalter des Internets und eines globalisierten, hochgradig verbundenen sozialen Gefüges muss die demokratische Legitimation zum Regieren neu gedacht werden.
Staaten mit konkurrierenden Interessen (Russland, USA, Saudi-Arabien, Iran, Syrien, China usw.) und mit sich herausbildenden polarisierenden Ideologien weisen auf eine globale systemische Krise hin. Während sich viele Eliten in Europa und den westlichen Industrieländern weitgehend nationalstaatlichen und kulturellen Besonderheiten verpflichtet fühlen, lehnen andere entschieden das dominierende westliche Modell ab.

Huntington hat mit seiner Aufsehen erregenden These vom "Clash of Civilisations" [5] Herausforderungen einer künftige Weltordnung für den Westen prognostiziert: Neben geringer Produktivität und wirtschaftlicher Stagnation, dem Zerfall der Familie und der fortschreitenden inneren Auflösung (Kriminalität, Korruption, Drogen etc.) wird sich Europa, einer musli-

---

[5] Samuel P. Huntington, Kampf der Kulturen: Die Neugestaltung der Weltpolitik im 21. Jahrhundert, Kindle Edition, 1998

mischen Masseneinwanderung gegenüber sehen. Heute zieht der „Islamische Staat" – eine transnationale Terrorbande und ein theokratischer Despot- mordend durch den gesamten Nahen und Mittleren Osten, westliche Geiseln werden vor laufenden Kameras geköpft, und Salafisten reisen mit deutschen Pässen in den Krieg: Terror und Gewaltlosigkeit sowie Despotismus und Rechtsstaatsfeindlichkeit sind als Produkt des Irakkrieges und Folge des syrischen Bürgerkrieges auch in Europa angekommen.

Die EU, noch geprägt von der wieder aufkommenden Griechenland-Krise, von Terroranschlägen und vom Andrang der Flüchtlinge, wird zurzeit so herausgefordert, dass ein Auseinanderfallen der Union als eine ernsthafte Gefahr gesehen werden muss.

Das wirtschaftliche Auseinanderdriften des Euroraums- Streit zwischen dem Süden und Norden über die Haushaltskonsolidierung und Strukturreformen- gerät fast in den Hintergrund, denn Flüchtlingskrise, Brexit-Abstimmung, der Konflikt mit Polen scheinen das Ende der EU heute realistisch werden zu lassen.

Zwei Gruppen ringen um gemeinsame Abstimmung ihrer Positionen: „Koalition der Willigen“ das alte Europa um Schweden, Österreich, die Benelux-Staaten und Deutschland und „Koalition der Unwilligen“ die vier Vizegrád-Staaten [6] Ungarn, Tschechien, die Slowakei und Polen.

Im Blick auf die Flüchtlingskrise wirft die EU der „Willigen“ den Vizegrád-Staaten mangelnde Solidarität vor, obwohl die Wirtschaft in Osteuropa Jahr für Jahr mit Milliarden aus den Strukturfonds unterstützt werde.

Schließlich wächst auch der Widerstand in den alten EU-Staaten, so will die französische Regierung keine weiteren

---

[6] Benannt nach der ungarischen Stadt Visegrád, das Abkommen 15. Februar 1991 zur Kooperation
der mitteleuropäischen Staaten Polen, Tschechien, Slowakei und Ungarn.

Beschlüsse zur Umverteilung von Flüchtlingen mittragen. Die Vizegrád-Staaten antworten mit dem Bau von Grenzzäunen, sie waren schon zu Beginn nur eingeschränkt zur Aufnahme von Flüchtlingen bereit: Die Slowakei und Ungarn haben sogar gegen die- gegen ihren Willen beschlossene- einmalige Umverteilung von 160.000 Flüchtlingen geklagt.
Ist die Sicherung der Außengrenzen durch EU Grenzschützer auf dem Gebiet von Mitgliedstaaten und auch die Verteilung der Flüchtlinge gegen deren Willen noch im Geist des ‚Europäischen Projekts'?
In ganz Europa erstarken zudem radikale Parteien; die traditionellen Grenzen zwischen rechts und links verwischen sich außerdem zunehmend und stellen ein zusätzliches innenpolitisches Druckpotential dar: Rechtspopulisten, Neo-Linke, Separatisten, EU-Gegner.
Auch altbekannte Klagen von ‚Wutbürgern', die mit Zumutungen einer modernen Gesellschaft nicht mehr klarkommen („Homosexuelle, die heiraten, emanzipierte Frauen, die „eine eigene Meinung haben", Jugendliche, die nicht arbeiten usw.) signalisieren einen rückwärtsgewandten Einfluss nehmenden Konservativismus.

Anhaltende Turbulenzen in Europa und ein schwächelndes globales Umfeld führen zu gesellschaftspolitischen Verwerfungen unterschiedlichster Art und Intensität in den Mitgliedstaaten, insbesondere im Kontext der Problemfelder internationaler Terrorismus und der aktuellen Flüchtlingskrise. Die Europäische Union muss im Interesse ihres Weiterbestehens die aktuellen Krisen in den Griff bekommt, eine gemeinsame und dann auch tatsächlich umgesetzte Strategie auf europäischer und internationaler Ebene.
Das Thema „Flüchtlinge" beherrscht derzeit weitgehend den öffentlichen Diskurs.(„Wir schaffen das", gemeint: „Ihr schafft das") Massive gesellschaftliche Konflikte in den kommenden Jahren und Jahrzehnten werden mit der chaotischen, unkon-

trollierten Immigration aus fremden Kulturen erwartet, Helfer und das Gemeinwesen scheinen schon überfordert zu sein. Die Flüchtlingsfrage hat das politische Klima in Europa stark verändert, gar vergiftet?
Nationale Maßnahmen gegen den hohen Flüchtlingszug nach Deutschland müssen eine Option bleiben, so der Mainzer Politikwissenschaftler Jürgen Falter mit Hinweis auf das Beispiel von Schweden und Österreich.

In den vergangenen Jahren ist Terror vor allem mit Anschlägen durch Islamisten in europäischen Hauptstädten verbunden: Madrid, London und zweimal Paris „Neue gefechtsartige Möglichkeiten" wurden entwickelt, um weltweit eine Reihe „groß angelegter Terroranschläge" zu verüben, so Europol-Direktor Rob Wainwright. Die Terrormiliz habe „insbesondere Europa" im Visier.
Der ideologisch-weltanschaulich begründete islamistische Terrorismus nutzt zunehmend die Kommunikationsstrategie über die Medien, um terroristische Gewalt weltweit zu kommunizieren. Angriffsziele sind politische und wirtschaftliche Einrichtungen, Versorgung und Logistik, Touristen sowie „Stätten des Amüsements und der Unmoral" (‚Terrorhandbuch der Al Qaida') Die terroristischen Gewalttäter leiten die Legitimität ihres Handelns aus einer ‚absoluten Wahrheit' her, als ‚Auserwählte' im Besitz dieser ultimativen Weisheit; alle anderen sind Ungläubige und damit Feinde.
In den folgenden Überlegungen wird der Versuch unternommen, Mechanismen und ihre Auswirkungen hinsichtlich des ‚Europäischen Projekts' zu beschreiben, zu dokumentieren und zu erklären. Diametrale Einstellungen und Sichtweisen, ob dogmatisch, radikal, apologetisch oder defensiv, werden angemessen im Rahmen der thematischen Abgrenzung berücksichtigt. Realpolitische Lösungen –national, europäisch oder global- im Blick aktueller Problemfelder scheinen derzeit in

weiter Ferne. Die Vision[7] für ein anderes europäisches Projekt angesichts fehlender Solidarität der Nationalstaaten scheint aber ‚in naher Weite'.

Thematische Schwerpunkte problematisieren im Folgenden staatliche ‚Ermüdungserscheinungen' hinsichtlich elementarer Aufgaben wie Schutz der Bürger, Wahrung von Recht, Ordnung, Vertrauen und Sicherheit. Mit dem Aufeinanderprallen von Rechtsstaatlichkeit in einer offenen Gesellschaft mit Terroristen und Zuwanderern aus totalitären und patriarchalischen Gesellschaften verschärft sich das Konfliktpotenzial erheblich: Überlastung, Überforderung, Widerspruch, Rechtsbruch und Versagen sind derzeit fast ausschließlich die täglich beherrschenden medialen Botschaften und polarisieren die Gesellschaft.

Die Erscheinungen in den betroffenen europäischen Staaten sind teilweise ähnlich und vergleichbar, weisen aber auch national gefärbte Besonderheiten auf. [8] Die hier akzentuierten Darstellungen der Problematik gehen im Wesentlichen von Deutschland aus, denn in großer Übereinstimmung wird in der europäischen Politik die Dominanz Deutschlands als ein beinah-hegemoniales Verhältnis wahrgenommen. (Vgl. S.30)

Eine zunehmende Mehrheit der Bürger in den Mitgliedsländern sieht das Europäische Projekt kritisch. Zwischen den Bürgern und der politischen Elite vertieft sich die Kluft. Die Suche nach einer neuen Ethik in Zeiten der globalen Vertrauenskrise wurde u. a. ausgelöst durch Bürgerkriege, weltweite Terroranschläge, mit Snowden und der Ausspähaffäre der NSA, Datenüberwachung aufgrund Terrorismus und befürchteter Missbrauch, Finanzkrise (Euro-Krise) usw.

Im Konflikt zwischen politischen Wünschen und ökonomischer Wirklichkeit wird eine weitere Ursache für steigende europäische Spannungen gesehen.

---

[7] Siehe Anhang, Europa- Union

[8] Anhang: Auflistung im Überblick

Starke Staaten werden noch stärker und schwache noch schwächer. Hohe Arbeitslosigkeit im Süden, Rettungsmüdigkeit im Norden. Die „Euro-Krise" spiegelt sich im letzten Augenblick verhinderten ‚Grexit' und schon droht ein möglicher ‚Brexit'. Ein divergierender politischer ‚Einheitswille' überschattet die im Wesentlichen noch funktionierende Wirtschafts- und Rechtsgemeinschaft. Bürger der Nationalstaaten verweisen im Spannungsfeld unterschiedlicher Einschätzungen, Interessen und Erwartungen der Regierungen und Oppositionsparteien auf die Souveränität ‚ihres' Landes, dem „demokratischen Primärraum" (Udo di Fabio)

Steigender Unmut über die EU und die Währungsunion wächst bedenklich. Radikale Linksparteien haben Zulauf im Süden, erhebliche Zunahme Rechtsextremer oder Nationalkonservativer im Norden und Osten. Die noch gegenwärtige Schuldenkrise- Auswirkungen der europäischen Austäritätspolitik- erlebt darüber hinaus eine kaum in dem Ausmaß für möglich erachtete Flüchtlingskrise, bzw. lange Zeit ignorierte Migrationswelle durch Asylsuchende, bei gleichzeitiger Bedrohung von Terroranschlägen in der EU.

In der Flüchtlingskrise werde in der Politikberichterstattung oftmals versäumt, auf die Befindlichkeiten der Bevölkerung einzugehen, so sei Zwang zur permanenten Berichterstattung ‚verheerend', dem Journalismus fehle die Bereitschaft zu kämpfen, damit gehe seine Kontrollfunktion verloren, das sei sogar ‚demokratiegefährdend', so Dirk Koch, ehemalige Leiter des Spiegel-Hauptstadtbüros.

In Deutschland steigt der Frust über die mangelnde Solidarität in Europa, die Nachbarländer verzweifeln an der zunächst unbeherrschbaren Willkommenspolitik, die Deutschland ohne Beteiligung anderer und damit unsolidarisch geschaffen hat. Die deutsche Regierung habe sich in einem Akt des Souveränitätsverzichts der Überrollung preisgegeben, so Sloterdijk.

Eine extreme Intoleranz in der Integrationsforschung gegenüber abweichenden Meinungen stellt der Soziologe Ruud Koopmans fest und „... schlimmer noch, ein totales Desinteresse an Forschungsbefunden, die nicht ins eigene Denkschema passen". Von einer „Lügenpresse" in Deutschland würde er zwar nicht reden, aber ein selektives Schweigen gebe es nach seiner Erfahrung durchaus, sagt Koopmans im Gespräch mit der NZZ[9]

Verzweiflung, Ratlosigkeit, Ohnmacht, Angst, Duckmäusertum und Parteidisziplin bis zur Selbstaufgabe sind Einschätzungen von kritischen Bürgern, Journalisten, Oppositionellen, aber auch Politikern etablierter Parteien: Die Macht der Realitäten und die Flucht vor ihnen lösen keine Probleme, so die überwiegende Meinung.

Als ‚heftige' Glosse gegen den Mainstream sind Klonovskys Einträge aus dem ereignisdichten Jahr 2015 im Internettagebuch „Acta Diurna" (Zeitung, Presse) zu bewerten. Sie beschreiben, kommentieren und interpretieren politische und kulturelle Ereignisse, insbesondere die Masseneinwanderung und die diesbezügliche Sicht von Politikern und Medienleuten („Lückenpresse"). Mit klarem politischen Urteilsvermögen und Lust an der Provokation fühle man sich in Zeiten Kurt Tucholskys zurückversetzt, so Peter Sloterdijk im Philosophischen Quartett.
Die deutsche "Wirschaffendas"-Doktrin der Kanzlerin Angela Merkel, die offensichtlich abnehmende Zurechnungsfähigkeit der bundesdeutschen Regierungschefin, die zu Protokoll gibt, dass dies nicht mehr ihr Land sei, wenn Bürger es wagen würden, gegen die Auflösung staatlicher Strukturen zu protestie-

---

[9] Ruud Koopmans, „Assimilation funktioniert", im Gespräch mit Martin Beglinger, in NZZ, 15.4.2016

ren, die Kollektivneurose der deutschen Bevölkerung (‚Ausländer-raus'-Idioten und die ‚Refugees welcome!'-Idioten') benennt Klonovsky fassungslos als Alltagswahnsinn, als „freiheitszersetzenden Totalitarismus des Wohlmeinens".[10]

Mit der Krisenwahrnehmung verstärken sich aber auch Ungerechtigkeitsgefühle in Arbeitswelt und Sozialstaat. ‚Rechte Kritik' nimmt wieder ‚Fahrt auf'. In der Krise verstärkt sich der Bruch mit der Normalitätswahrnehmung des Bestehenden, z.B.

Schüren rassistischer Ressentiments und rassistischer Mobilisierungen, anti-muslimischer Rassismus, Etablieren von sog. Bürgerwehren und Straßencorps zur Durchsetzung diffuser Angstbewältigung usw.

Die Vertrauenskrisen sind massive „Führungskrisen": So kritisiert Jürgen Habermas[11] das „tranquillistische Herumwursteln" Angela Merkels, ihrer öffentlichen Person scheine jeder normative Kern zu fehlen und sie ordne jeden ihrer überlegten Schritte dem Opportunismus der Machterhaltung unter. Längst hat sie aber eine gesamteuropäische Verantwortung übernommen.

Eine zunehmend isolierte Bundesregierung (Euro-Krise, Griechenlandkrise) forciert gegenüber Frankreich und den Krisenländern im Namen vermeintlich alternativloser Marktimperative eine harte Sparpolitik.

Mit dem TINA-Prinzip (*There Is No Alternative)* werden politische Entscheidungen mit solchen Phrasen (Totschlag-Argumente) in Ermangelung echter Argumente zu begründen versucht, eher Propaganda, ein populistischer Akt, um Kritiker zu verunsichern, zu diskreditieren oder mundtot zu machen.

---

[10] Michael Klonovsky, „Die Liebe in Zeiten der Lückenpresse: Reaktionäres vom Tage. Acta diurna 2015 (Edition Sonderwege bei Manuscriptum), März 2016

[11] ESSAY: Ein Fall von Elitenversagen

Die Demokratie zu schützen, heißt den Rechtsstaat stärken, einen verlässlichen Rechtsstaat verteidigen: Sowohl gegen gewaltbereite Rechts- und Linksextremisten als auch im Blick auf Kriegsflüchtlinge, Wirtschaftsflüchtlinge und gar islamistische Terroristen unbekannter Zahl, die für unregistrierbar erachtet und ohne Aufenthaltsberechtigung auf dem Hoheitsgebiet der Bundesrepublik geduldet werden, Grenzen werden für faktisch irrelevant erklärt.

„Wir befinden uns heute in dem Europa eines großen gesellschaftlichen und politischen Experiments. Mutig und mit Bedacht versuchen wir, eine gewisse Einheit – deren Konturen wir noch nicht kennen – über die Vielfalt der Staaten, Sprachen und Religionen zu schaffen. Wir sind uns bewusst, dass unsere Europa-Idee aus den ewigen Träumen von der Gemeinschaft freier Nationen und der Brüderlichkeit freier Menschen erwächst."

Donald Tusk, Verleihung des Karlspreises, 12. Mai 2010 in Aachen

3. Befindlichkeiten in der EU: Souveränität und Rechtsstaatlichkeit

Sachliche Debatten, die umsichtig nach Lösungen suchen, ohne Anteilnahme an Not der Leidenden zu verdrängen, werden derzeit schmerzlich vermisst: Politische Parteien erweisen sich weitgehend als unfähig, zu beruhigen und Sachdebatten zu kanalisieren. Befindlichkeiten, Stimmungen wie diffuse Ängste, Panik oder ansatzweise neutralisierende Appelle verbreiten sich gleichermaßen und lassen eine vernunftgeleitete und konsistente Position vermissen: Gewaltige Linksverschiebung im politischen Meinungsspektrum und ein sich abzeichnender Rechtsruck werden gleichermaßen diagnostiziert, Aufruhr auf allen Ebenen bei ungebrochen hohen Asylantenströmen.

Die Migrationsströme- so die Ansicht führender Politiker, Soziologen und Juristen- gefährden das Fundament Europas und die Funktionsfähigkeit sozialer Rechtsstaaten, wenn Einwanderungswillige unregistriert in Länder mit hoher Migrationattraktivität durchgeleitet werden. Die Abschaffung der Binnengrenzen als Zollgrenzen und Personenkontrolle setzt das Funktionieren und die Kontrolle der Außengrenze der Union voraus. Die Realität aber beweist, nationale Interesse der Grenzstaaten, die Außengrenze der Union zu überwachen oder Zugänge zu verweigern, schwinden zunehmend. Die Verwirklichung der Idee Europas mit den Abkommen von Schengen und Dublin setzt aber die Überwachung der Außengrenzen der Union voraus.

Das Aussetzen des Schengensystems und die Rückkehr zur nationalen Grenzsicherung wäre zwar technisch möglich, wäre aber das politische Eingeständnis eines Scheiterns mit Folgen für das europäische Projekt der Einigkeit und Solidarität.

Verminderung von sozialpolitischen Anreizsystemen (Migrationattraktivität) bei der Unterbringung (Lager) und Versorgung (keine Geldleistung) von Asylbewerbern, Flüchtlingen und Einwanderungswilligen garantieren als nicht bevorzugtes Ziel der Migration zu gelten, sondern werden lediglich als Transit genutzt. Verminderung von ökonomischen Einwanderungsanreizen und regionale Stabilisierung setzten aber europäische Koordinierung und Harmonisierung voraus. Die aufnehmende Gesellschaft des Einwanderungslandes repräsentiert eine Arbeits- und Leistungsgesellschaft mit eigenen soziokulturellen Prägungen, die Migranten andere ihnen eigenen Mentalitäten. Zentral bedarf das deutliche Sichtbarmachen der freiheitlichen, gleichberechtigenden Werteordnung eines Rechtsstaates der Anpassungsbereitschaft der Ankommenden.

Die Gestaltung eines weltoffenen Europas, einer Staatengemeinschaft von 28 Staaten mit ihren sehr heterogenen gesellschaftlichen Bedingungen und Mentalitäten, hat zum Ziel, Raum der Freiheit, der Sicherheit und des Rechts zu schaffen, wobei Binnengrenzen weitgehend ihre Bedeutung verlieren.

Ein zusammenwachsendes, weltoffenes Europa soll die Welt friedlich mit der Idee von Würde und Freiheit des Menschen mitgestalten.

Aktuelle geopolitische Konstellationen wie Bürgerkriege, Terrorregime, Radikalisierung, Zerfall von staatlichen Ordnungen und Zivilgesellschaften usw. als Bedrohung und Krisenauslöser innerhalb Europas und auf die Außengrenzen der Union werden derzeit als herber Rückschlag wahrgenommen und erlebt: Populistische, radikalisierende Kräfte in den Mitgliedsstaaten bis hin zur phobokratischen Phänomenen verursachen aufkommende Unruhe, Protestaktionen und damit Instabilitäten.

Vereinfacht könnte man zwischen ‚linken‘ und ‚rechten‘ Populismen und Extremismen unterscheiden:

In extremer Form die sozialistische Umwälzung, die eine sozialstaatliche Fürsorge idealisiert, gegenüber der nationalen Revolution, die sich gegen kulturelle Pluralität (Migranten, Ausländer usw.) richtet.

Als Gegenentwurf zu der hergebrachten Gesellschaftsordnung soll das System nicht bloß irritiert und reformiert sondern abgeschafft werden, brachial mit militarisiertem Politikverständnis.
Allen Bürgerinnen und Bürgern muss der Staat, in dem das Gesetz herrscht, Rechtssicherheit gewährleisten. Jeder Mensch besitzt in seiner Natur begründete, angeborene Rechte- überstaatliche Rechte- der Staat kann sie nicht verleihen, sondern nur garantieren. Der Rechtsstaat ist gleichbedeutend mit Verfassungsstaat oder Demokratie. Rechtssicherheit, Rechtsgleichheit und Rechtsschutz sind Grundprinzipien alles staatlichen Handelns. Freiheits- und Rechtsgarantien des liberalen Rechtsstaates werden durch das Grundgesetz vom Rechtsstaat und Sozialstaat zum sozialen Rechtsstaat zusammengefasst. Der formale Gesetzesstaat bietet aber noch keinen Schutz vor staatlicher Willkür. Daher wird das formale Prinzip des Gesetzesstaates durch die höherrangige Wertordnung ergänzt, so ist die Würde des Menschen der oberste Grundwert, dem alle staatliche Gewalt verpflichtet ist.
Mit der Rechtsweggarantie kann der Bürger sich gegen ‚Selbstherrlichkeiten' der ‚Obrigkeiten' wehren: Beim zuständigen Verwaltungsgericht oder beim Bundesverfassungsgericht (Grundrechtsverletzungen).
So ist auch Widerstand als letztes Mittel erlaubt, wenn andere Abhilfe nicht möglich ist, so im Fall der Handlungsunfähigkeit (Putsch, Revolution) unabhängiger Gerichte. Die Rechtsstaatlichkeit als Kernelement der europäischen politischen Identität scheint bedroht. Wachsende entgrenzte terroristische Gewalt und ein Massenansturm vor Kriegs- und Wirtschaftsflüchtlingen sind massive neue Herausforderungen. Potentielle rechtsstaatliche Kontrollverluste offenbaren sich im Spannungsverhältnis von Sicherheitsgewährleistung, individueller Freiheit und Rechtsstaatlichkeit im Selbstverständnis einer Wertegemeinschaft Europas.

Wesentliche Voraussetzung für den Erfolg einer Strategie zur Kontrolle und Förderung des Anspruchs aller Bürger auf den Schutz der Grundfreiheiten und -rechte ist das gemeinsame Handeln der europäischen Staaten. Für einen optimalen Schutz ist ein multidisziplinäres und abgestimmtes Vorgehen sowohl auf der Ebene der EU als auch auf der Ebene der Mitgliedstaaten, ergänzt durch externe Kooperation mit Drittstaaten, unabdingbar.

In Europa erwachen nationale Egoismen angesichts großer Krisen, Verträge und Verpflichtungen scheinen weder den aktuellen Problemen noch den strategischen Herausforderungen gewachsen zu sein.

Das Erstarken des Nationalismus als Missachtung von Solidarität ist ein Krisensymptom Europas:

(exemplarisch verkürzt)

-Volksabstimmung über Großbritanniens EU-Mitgliedschaft

- in Polen fühlt sich die rechtskonservative Allianz für ‚Recht und Gerechtigkeit' dem Rechtsstaat und der Gewaltenteilung nicht mehr verpflichtet

- Ungarns Premier Viktor Orbán, ein Antieuropäer oder Wächter der EU-Verträge? Die „Orbanisierung" Europas?

- Robert Fico in der Slowakei oder Tschechiens Präsident Miloš Zeman: „Dieses Land ist nicht für alle da!"

-Spanien: Die Bewegung Podemos („Wir können"), gegen den Euro und gegen staatliche Sparmaßnahmen auf dem Rücken der darbenden Bevölkerung

- EU-Kernland Frankreich: Austritt aus dem Euro und die Entmachtung der EU (Marine Le Pen) Das Massaker in Paris wird als Versagen innereuropäischer Absprachen und der Zusammenbruch staatlicher Kontrolle gedeutet, Ruf nach nationalen Grenzen. Ausnahmezustand [12] (Frankreichs Präsident

12 Mit der Verfassungsänderung mit dem Titel "Schutz der Nation" will Hollande einerseits den nach den Anschlägen mit 130 Toten ausgerufenen Ausnahmezustand, der den Behörden in Krisenzeiten umfassende Befugnisse einräumt, in das französische Grundgesetz aufnehmen. Zugleich soll

regiert monatelang per Notstand) Aberkennen der Staatsbürgerschaft, „Kriegserklärung“ (?) an islamistische Terroristen usw.

-Griechenland:

Eine grenzüberschreitende europäische Solidarität (Flüchtlingsstrom, Terrorabwehr), die sich gerade in den aktuellen Krisenzeiten bewähren soll, kann nur mit einem europäischen Griechenland erreicht werden

Die neue Koalitionsregierung, Ministerpräsident Alexis Tsipras (SYRIZA) mit dem Verteidigungsminister Panos Kammenos von der rechtspopulistischen Partei Anel (Unabhängige Griechen), setzt auf die Modernisierung des Landes im Vertrauen auf die langfristige Stärke des europäisch-westlichen Gesellschaftsmodells und akzeptiert das Sanierungspaket. Der Widerstand von links wie von rechts gegen Marktwirtschaft, Kapitalismus, Verwestlichung und Rationalisierung, Protest gegen das „Austeritäts-Diktat“ von Merkel & Co, der Grexit war vorerst abgewehrt.

-Deutschland, Österreich: Österreichs Kanzler Werner Faymann und Deutschlands Kanzlerin Merkel öffneten gemeinsam ihre Grenzen für die Massen der Flüchtlinge. Eine europäische Krisenlösung Merkels von Berlin aus im Alleingang, ganz souverän, wie in der Euro-Krise so auch beim Flüchtlingsdrama: solidarisches Miteinander- im Alleingang- während andere Nationen Souveränität abgeben sollen?

Euro-Krise, Terrorismus, Flüchtlingsströme und Neonationalismus- verhängnisvolle Allianzen- eine supranationale Rheto-

---

in der Verfassung die Möglichkeit festgehalten werden, Franzosen nach einer Verurteilung wegen terroristischer Taten auszubürgern Frankreichs Präsident verzichtet auf die umstrittene Verfassungsänderung, die verurteilten Terroristen die Staatsbürgerschaft entziehen sollte, er scheiterte am breiten Widerstand der Legislative (März 2016)

rik, die sich nicht in rechte oder linke Lager zuordnen lässt, sondern „Pro oder contra Europa“

"Deutschland hat heute eine Verantwortung wie nie zuvor in den vergangenen 50 Jahren. Das ist Chance und Last zugleich. Deutschland hat zum ersten Mal seit Jahrhunderten die Chance, eine produktive Rolle in Europa zu spielen und Europa entscheidend voran zu bringen. Das kann heute nur Deutschland. Aber Deutschland allein kann es nicht."[13]

---

[13] Theo Waigel, ehemaliger Bundesfinanzminister, 2011

„Europa muss für alle 28 da sein", Matteo Renzi, italienische Ministerpräsident, 2016

„Nie zuvor waren Deutschland und seine Politiker (und in der weiteren Folge Manager) innerhalb der EU so einflussreich wie derzeit. Mit der deutschen Politik wächst auch der Einfluss deutscher Lobbyisten in Brüssel. Und die nutzen das recht ungeniert aus. Die Eurokrise hat vieles aus der Balance gebracht, auch das Machtgefüge Europas."

Reinhard Göweil, in: Wiener Zeitung. 2016

4. Deutschland- wankender Hegemon

Die Dominanz Deutschlands in der europäischen Politik ist allgegenwärtig. Eine hegemoniale Macht zu repräsentieren wird aber explizit verneint, dafür spricht auch das anscheinend zögerliche und bescheidene Auftreten der politischen Elite, voran die Kanzlerin Angela Merkel. Schmeichelnd wirkt eher die europäische Sicht auf Deutschland als „benevolenter Hegemon“ als wohlmeinende Führungsnation.
Die potente politische Kraft mit der stabilen Volkswirtschaft, Weltoffenheit, Toleranz und kulturellen Vielfalt werden überwiegend anerkannt.
Deutschland sei keine militärische Macht, sondern eine ökonomische. Seine Wirtschaft sei dominant und stabilisiere die Eurozone und EU-Partner, aber nicht stark genug, die wirtschaftliche Stabilität zu erzwingen: Ein "geo-ökonomischer Halb Hegemon", so Anthony Giddens, House of Lords, UK.
Deutschland nimmt eine „semi-hegemoniale" Position in Europa ein, aufgrund wachsendem Einfluss und harter Diplomatie. Aber die Bundeskanzlerin habe Deutschland durch die Flüchtlingskrise in eine nahezu hoffnungslose Isolation in Europa getrieben, in Chaos und Instabilität und sei damit als Führungsmacht in Europa nicht geeignet, so Hans Kundnani[14]
Belehrung, Moralisierung und gar Überheblichkeit bis hin zur fehlenden Solidarität beleben wieder ein längst verblasstes Bild des „hässlichen Deutschen".
Mit der Euro-Krise (insbesondere Griechenland) und der durch Bürgerkriege und Terrorismus ausgelösten Flüchtlingskrise werden deutsche Führungsansprüche zunehmend attackiert: Machtstreben, Imperialismus, Diktat, Unterdrückung, Knechtschaft, ökonomische Folter, Monopolisierung bis hin zu Vorwürfen von sich wiederholenden Rechtsbrüchen.

---

[14] Hans Kundnani in: „German Power Das Paradox der deutschen Stärke“, C.H.Beck, 2016

Die einsame historische Entscheidung Angela Merkels, das Dublinverfahren der EU im Umgang mit Migranten auszusetzen, wurde zwar von vielen als ein großartiger Akt der Humanität gefeiert, aber auch gleichzeitig als konstatierter Verfassungsbruch kritisiert.
Angela Merkels „Wir schaffen das“, ist zunächst eine materielle Zusage, ein ermunternder, gar emotivistischer[15] Akt der Humanität, aber nicht automatisch ein mentaler Überzeugungsakt, denn es erscheint wenig erfolgsversprechend, den Bürgern eine solche Entscheidung zu oktroyieren.
Noch ist vielen ihre Feststellung „Multikulti ist gescheitert“ gegenwärtig, ein Eingeständnis einer verfehlten Integrationspolitik. Das Machtgefüge innerhalb der EU hat sich sehr stark verändert, die EU-Außengrenzen werden dichtgemacht mit Hilfe von Griechenland und der Türkei, mit Merkel, bittstellend bei Erdoğan.
Von einem wachsenden Vertrauensverlust in die Staatsräson wird gewarnt, geltende Bundesgesetze und EU-Recht werden per Handstreich außer Kraft gesetzt. Empört reagieren die europäischen Mitgliedstaaten über Merkels eigene Regeln der Moralität mit der Befürchtung vom Auslösen einer Kette von Gesetzesbrüchen und damit einer tiefen Krise der Rechtsstaatlichkeit in der EU.
Die Staatsgrenzen seien die tragenden Wände der Demokratien. Wer sie einreißt, solle wissen, was er tue. Es mag schwer sein, Grenzen in einer wirksamen und zugleich humanen Weise zu schützen, aber dieser Aufgabe könne keine Regierung entgehen“, so der Verfassungsrechtler Udo di Fabio und er

---

* Emotivismus, eine non-kognitivistische, metaethische Theorie, nach der moralische Urteile lediglich als Ausdruck eigener (emotionaler) Einstellungen zu verstehen seien, als Mittel zur Beeinflussung der Einstellungen anderer, über Informationen hinaus werden hauptsächlich Gefühle ausgedrückt und hervorgerufen.

sehe die Bundesregierung in der „Rechtspflicht“, „darauf hinzuwirken, eine funktionsfähige, vertragsgemäße europäische Grenzsicherung (wieder)herzustellen und ein System kontrollierter Einwanderung mit gerechter Lastenverteilung zu erreichen. Zur Wahrung der verfassungsstaatlichen Ordnung und zum Schutz des föderalen Gefüges müsse die Bundesregierung zumindest einstweilen die gesetzmäßige Sicherung der Bundesgrenze gewährleisten. Die Kanzlerin habe di Fabio zufolge eine wesentliche Entscheidung ohne gesetzliche Grundlage getroffen - ohne Rücksicht auf die Kompetenzen, die dem Grundgesetz nach nicht bei ihr, sondern bei Bundestag und Bundesrat lägen. Hans-Jürgen Papier[16] Präsident des Bundesverfassungsgerichts bis 2010, beklagte ein „eklatantes Politikversagen", Rechtsbrüche und Kompetenzüberschreitungen in einem „nie dagewesenen" Ausmaß und eine „Sprengung" der „Leitplanken des deutschen und europäischen Asylrechts". Das stelle seiner Ansicht nach das Funktionieren des Verfassungsstaates in Frage, der „durch die Politik nicht aus den Angeln gehoben werden" dürfe.

Er sieht eine politische Pflicht zu einem Paradigmenwechsel in der Asylpolitik und zum sofortigen „Umsteuern", weil die Angriffe auf Frauen am Kölner Dom in der Silvesternacht "ein partielles Versagen des Staates als Garant von Freiheit und Sicherheit gegenüber seinen Bürgern" belegen. Eine taugliche neue Asyl- und Flüchtlingspolitik müsse illegale Einreisen unterbinden und „zwischen dem individuellen Schutz vor Verfolgung einerseits und der gesteuerten Migrationpolitik für Wirtschaftsflüchtlinge andererseits [...] unterscheiden". Sogar von einer „Selbstermächtigung" der Kanzlerin ist die Rede, mit der diese Einlassregeln außer Kraft setze und den Rechtsstaat in Frage stelle, meint Michael Bertrams, Präsident des

[16] Hans-Jürgen Papier, in: Handelsblatt (12.01.2016) „Unbegrenzte Einreise ist ein Fehler“, Interview mit Heike Anger

Verfassungsgerichtshofs für das Land Nordrhein-Westfalen bis 2013.

Die Rechtsauffassungen vieler Politiker unterscheiden sich erheblich und auch die Auslegung der Verfassungsjuristen sind nicht unstrittig: Die Materie ist rechtlich kompliziert, denn europarechtliche und verfassungsrechtliche Normen überlagern sich.

EuGH34 und BVerfG35 seien sich darüber einig, dass die das Verhältnis von EU-Recht und mitgliedstaatlichem Recht regelnde Kollisionsnorm als Rechtsfolge lediglich einen „Anwendungsvorrang" vorsehe.

Die (nachrangige) nationale Norm gehört deshalb weiterhin zum geltenden (nationalen) Recht, d.h. sie ist und bleibt anwendbar.[17]

[17]Vgl. Professor Dr. Burkhard Schöbener, Das Verhältnis des EU-Rechts zum nationalen Recht der Bundesrepublik Deutschland in : Juristische Arbeitsblätter (JA-aktuell.de) 12/2011

Exkurs: Gemeinschaftsrecht in der EU

Die Europäische Union -eine supranationale Organisation- hat die Kompetenz, aufgrund der Gemeinschaftsrechtsordnung ihren Mitgliedstaaten und deren Bürger verbindliche Anordnungen zu erteilen. Die Gemeinschaftsrechtordnung und die nationale Rechtsordnung sind zwar getrennt und eigenständig, aber voneinander abhängig. Das Rangverhältnis zwischen Gemeinschaftsrecht und nationalem Recht ist insofern bedeutsam, weil eine einheitliche Geltung sowie eine einheitliche Anwendung des Gemeinschaftsrechtes in den Mitgliedstaaten für das Funktionieren der Gemeinschaften notwendig sind. Die Rangfrage sichert nur bei einem Vorrang des Gemeinschaftsrechtes vor nationalem Recht das Funktionieren. Als ‚Anwendungsvorrang' bezeichnet, steht im Kollisionsfall das Gemeinschaftsrecht vor dem nationalen Recht. Neben dem ‚Anwendungsvorrang' steht der ‚Geltungsvorrang' des Gemeinschaftsrechts: Die Bestimmungen des Gemeinschaftsrechts können durch nationales Recht nicht aufgehoben und nicht abgeändert werden.

„Zwischen Anwendungsvorrang und Geltungsvorrang besteht der Unterschied darin, dass der Anwendungsvorrang im Gegensatz zum Geltungsvorrang festlegt, dass die verdrängte Norm weiterhin anwendbar bleibt und nur für die spezifischen Sachverhalte, bei denen sie mit der anderen Norm kollidiert, verdrängt wird"[18]

Sowohl der Europäische Gerichtshof als auch die Verfassungsgerichte sind sich darin einig, dass dem Gemeinschaftsrecht auf jeden Fall im Verhältnis zu nationalem Recht nur ein Anwendungsvorrang zukommt, aber kein Geltungsvorrang.

---

[18] vgl. http://www.lexexakt.de

Staatsrechtsexperte Christoph Degenhart kritisiert die einseitige Aussetzung oder Nichtanwendung von Verträgen und Vorschriften wie dem Dublin-Abkommen oder dem Artikel 16a, Absatz 2 des Grundgesetzes als ein "rechtserhebliches Unterlassen". Ein Rechtsstaat könne nicht einfach die Grenzen öffnen und alle Regeln außer Kraft setzen.
„Es bedarf keines besonderen Prozedere, wenn man Rechtsnormen oder gar die Verfassung nicht mehr einhalten will. Parlament oder Bundesverfassungsgericht müssen nicht einmal informiert werden. Man kann Gesetze, man kann die Verfassung einfach weglassen, wenn dies „hilfreich" (Angela Merkel) erscheint. Man handelt dann auch nicht rechts- oder gar verfassungswidrig, sondern wertgebunden und „europäisch".[19]
Das Wort von der „Alternativlosigkeit", seit Jahren die parteipolitische Agenda im Land, erst in der Euro-Krise, dann beim Flüchtlingsdrama, eine scheinbare Sachzwang-Logik hat zu einer Verlagerung der Politik in die Exekutive geführt. Die Verachtung des politischen Establishments bis hin zur Ablehnung der etablierten Medien gehört heute zum Topos der mehr und mehr Unzufriedenen. Parteien brauchen authentische Persönlichkeiten, die auch die Heterogenität des Wählerspektrums abdecken. Volksparteien leben nicht nur von einer One-Man- oder One-Woman-Show, sondern von fachlich und sozial kompetenten Repräsentanten der unterschiedlichen inhaltlichen Flügel[20]

---

[19] Vosgerau, Ulrich*, „Herrschaft des Unrechts", in: Cicero – 12. 2015, S.96
*Privatdozent für Öffentliches Recht, Völker- und Europarecht sowie Rechtsphilosophie an der Universität Köln

[20] Vgl. Konvent für Deutschland, FAZ vom 13.April 2016

4. 1 Absolutistische Allüren

Die „Ich-Frau“ aus dem Kanzleramt bediene sich des erzieherischen „Wir“. Eine Gebieterin im Erteilen eines Tagesbefehls: „Wir schaffen das“ „Ichig und herrisch- unwirsch“ werde es, wenn sie dem Gesinde drohe, wenn es sich unwillig zeigt. „Dann ist das nicht mein Land“, oder imperialer „... nicht mein Europa“[21]

Die Polarisierung von Willigen und Unwilligen gipfelt dann in der Feststellung, dass Mitgefühl und Hilfsbereitschaft sich gegen Gefühl der Angst, ohnmächtige Wut und sogar Hass zu wehren hat. Zweifel, Besorgnis, abwägende Vernunft und Skepsis werden ausgeblendet. Merkel leide, wie viele Mächtige, an Selbstüberschätzung, die sie mittlerweile immun für Kritik mache. Ihre Politik sei "vollkommen irrational", viele sähen sie als mächtigste Frau der Welt, in dieser Position akzeptiere sie keine Kritik an ihrem Kurs[22]

Die Überforderung der Behörden, die Isolierung in Europa, die Spaltung der Gesellschaft, die Kritik aus der eigenen Partei , scheine sie nicht zu kümmern, sie beharre auf ihrem Standpunkt, ihr Verhalten werde immer trotziger. Merkel sei der Prototyp eines Menschen der hochgelobt und -gepuscht wurde. Gleichzeitig gebe es bei ihr eine narzisstische Grundproblematik.

---

[21] Frank A. Meyer, Oben und Unten, Cicero-4/2016, S. 60, Bezug: „Wenn wir jetzt anfangen müssten, uns zu entschuldigen dafür, dass wir in Notsituationen ein freundliches Gesicht zeigen, dann ist das nicht mein Land“ (Merkel)

[22] Vgl. Hans-Joachim Maaz, Psychoanalytiker im Gespräch mit Benjamin Reuter und Sabrina Hoffmann, in: The Huffington Post, 24.01.2016

„Ich habe Angela Merkel oft mit Maria Theresia verglichen. Merkel ist seit Maria Theresia die mächtigste Frau Deutschlands. Nur was die Kanzlerin übersieht, ist, dass wir in einer parlamentarischen Demokratie leben, mit Parlamentariern, die frei gewählt und abgewählt werden können.“[23]
Sie glaube selbst, sie sei die mächtigste Frau der Welt, dadurch käme dieses künstlich aufgeblasene Selbstbild einer sturen Haltung zustande. Menschen, die ein Selbstwertdefizit, eine Minderwertigkeit und eine Unsicherheit hätten, vollbrächten häufig übermäßige Leistungen, um erfolgreich zu sein und Anerkennung zu finden. Wenn andere das dann bestätigen, sei das Ziel erreicht. Dieses narzisstische Problem habe „meist unschöne Folgen“, wenn die Anerkennung plötzlich wegfalle und in Kritik umschlage.
Das „System Merkel“ kommt zunehmend unter Druck. Ihr politisches System wird von einer intransparenten Geschlossenheit bestimmt, Sprech-, Denk- und Frageverboten verbieten einen offenen Diskurs, gesteuert durch einen einheitsparteilichen Konformitätsdruck. Diese „merkelistische GroKo-Politik“ erweist sich als problematisch und widersprüchlich.
„Personalisierung füllt die von der pragmatischen Beliebigkeit perspektivloser Politik gerissenen Legitimationslücken, indem sie die aufeinander folgenden, machtpolitisch getriebenen Wechsel der Programme und Koalitionen als persönlichen Entwicklungsroman abbildet...“ [24]
In den Parteizentralen werden Bedenken im Blick auf schwere gesellschaftliche Fehlentwicklungen immer lauter: Migrationskrise, Terrorgefahren durch den Islamismus und die Ängste um die Identität der Gesellschaft sind die wohlbegründeten Problemfelder. Hinsichtlich der deutsch-europäischen

[23] Peter Gauweiler, in :european,9.Mai 2016

[24] Vgl. Wolfgang Streeck, „Merkels neue Kleider“, FAZ, 3.Mai 2016

Flüchtlingspolitik wird deutlich, wie die Mitgliedstaaten die deutsche Regierungschefin, den Ratspräsidenten im Gefolge, „europäische" Verträge aushandeln lassen, ohne erkennbare Absicht, sich hinterher an diese gebunden zu fühlen.
Das Ergebnis könnte möglicherweise eine der realen sozialen Verfassung Europas gerecht werdende politische Verfassung sein, in deren Rahmen die Deutschen nach ihrer Façon selig werden könnten, ohne dass alle anderen dabei mitmachen müssten.

Auch in der sogenannten „Staatsaffäre Böhmermann" (April 2016) ließ es sich die Kanzlerin nicht nehmen, in einem Telefonat vorauseilend devot mit dem türkischen Regierungschef Ahmet Davutoglu sich darauf zu einigen, dass es sich „um einen bewusst verletzenden Text" handele („Schmähgedicht" des Moderators Jan Böhmermann im ‚Neo Magazin Royale')
Jede Einmischung von türkischer Seite hätte sie empört zurückweisen müssen, so aber hatte sie ihren Kotau[25] vor dem türkischen Präsidenten öffentlich unterstrichen.
Merkel löste damit ein Strafverfahren (§ 103, Beleidigung von Staatsoberhäuptern) aus, das entgegen der Stimmen der Sozialdemokraten zur Strafverfolgung zugelassen wurde. Bedrängnis der Kanzlerin wegen Gefährdung des Abkommens mit der Türkei in der Flüchtlingsfrage bei Nichtzustimmung des geforderten Verfahrens des Autokraten - eine Satire der „Selbstherrlichen"?
Denn die Bundeskanzlerin behandelte diesen Sachverhalt in gleicher Weise, wie es Erdogan in der Türkei zu tun pflegt:
Aber das Rechtsverständnis wird in Deutschland nicht davon abhängig gemacht, ob andere Staaten dieses Grundgesetz akzeptieren. Ein Triumph Erdogans, eine einzigartige Gelegen-

---

[25] In China früher vor Respektspersonen übliche in kniender Haltung ausgeführte tiefe Verbeugung, bei der der Kopf den Boden berührte.

heit, Loyalitätseffekte in der türkischen Gemeinde in Deutschland zu erzeugen und Einfluss auf die deutsche Innenpolitik zu demonstrieren.

Ohne Erdoğan bricht Merkels Flüchtlingspolitik zusammen, damit vielleicht ihre Kanzlerschaft. Merkel hat dem „Sultan am Bosporus“ nicht den Satiriker ausgeliefert, sondern sich selbst.

Merkels Narzissmus sei deshalb gefährlich, da er dazu beitrage, dass sich die Gesellschaft spaltet, weil sie auf Positionen beharre, die eine wachsende Zahl der Bürger nicht mehr akzeptierte.[26]

„Die (Merkel) ihre Politik nicht erklärt und nicht begründet, als hätte sie es nicht nötig – wie der Allmächtige. Die sich von nichts leiten lässt als von machtpolitischer Notwendigkeit. Sie denkt wieder vom Ende her, und das heißt: Machterhalt „...Merkel ist zu jener floskelhaften Scheinkommunikation zurückgekehrt, die man über Jahre von ihr gewohnt war.“[27]

Psychotherapeuten sprächen von seelischer Verpanzerung. Menschen, die eine tiefe innere Bedürftigkeit oder Not hätten, müssten Kritik radikal aus der Wahrnehmung verdrängen, die Folge seien Gefühls- und Emphatielosigkeit zum Schutz.

Deutschland sei nicht mehr Angela Merkels primäre Bezugsgröße. Sie denke global. Damit kämen ganz andere Gremien ist Spiel. Ganz andere Ziele, die Vereinten Nationen, das Treffen in Davos, der Friedensnobelpreis. Sie träume davon, eine

---

[26] Die Majestätsbeleidigung im deutschen Gesetz sei anachronistisch, spottet die „Washington Post“ über Merkels Haltung zum Fall Böhmermann. „Merkels Geschwafel“, schreibt die Zeitung, ermutige dazu, kritische Äußerungen zu unterdrücken.

[27] Christiane Hoffmann, „Merkels Zaubertrick“, Machtpolitik statt Überzeugungen, Der Spiegel 19/2016, S.38

Figur zu werden wir Martin Luther King, oder Nelson Mandela, oder Mahatma Gandhi. Sie schwebe in anderen Sphären.
Ihr fehle wie vielen Entscheidungsträgern eine Kommunikation verantwortlicher Politik mit den Menschen. Sichtbar werde immer öfter Hochmut statt Demut. „Die Kanzlerin sagte in ihrer Neujahransprache von oben herab, gewisse Leute trügen „Hass im Herzen". Woher will sie das wissen? Ein solche Aussage steht ihr nicht zu", so die Familientherapeutin Gabriele Baring[28]

Aus Sicht der Familientherapeutin ist „interessant", dass Merkel die Vergangenheit ihrer Vorfahren im Dunkeln lässt und deshalb ihre Motive zu erfassen erschwert wird. Fest steht aber, dass sie es auf Wunsch ihres unnahbaren Vaters weit bringen sollte. Eine Erklärung für ihre erfolgreiche Machtpolitik, so zu werden wie ihr Vater, um seine Liebe zu erwerben?

---

[28] Gabriele Baring, „Wir müssen gegensteuern", Sind die Deutschen ein Volk der Angsthasen? In Cicero-5.2016, S.114

***Kinderhymne** / Bertolt Brecht*

Anmut sparet nicht noch Mühe
Leidenschaft nicht noch Verstand
Daß ein gutes Deutschland blühe
Wie ein andres gutes Land

Daß die Völker nicht erbleichen
Wie vor einer Räuberin
Sondern ihre Hände reichen
Uns wie andern Völkern hin.

Und nicht über und nicht unter
Andern Völkern wolln wir sein
Von der See bis zu den Alpen
Von der Oder bis zum Rhein.

Und weil wir dies Land verbessern
Lieben und beschirmen wir's
Und das liebste mag's uns scheinen
So wie andern Völkern ihrs.
(1949)

5. Nationalstaaten, Souveränität und Europa

Bertold Brecht forderte im Jahr 1949, die Deutschen zur Vaterlandsliebe auf und wollte ihnen die Angst nehmen vor nationalen Symbolen und Pathos, vor Nationalbewusstsein, in seinem Sinn. „Und weil wir dies Land verbessern / Lieben und beschirmen wir's / Und das liebste mag's uns scheinen / So wie andern Völkern ihrs“
„Als Hymne kann es, glaube ich, keine bessere geben als den Text von Brecht, den er 'Kinderhymne' nannte“, Martin Walser, 1990
Diese Kinderhymne wird immer wieder gerne von Kulturträgern zu Festreden zitiert, so auch vom deutsch-jüdischen Schriftsteller Stefan Heym in seiner feierlichen Eröffnungsrede des 13. Deutschen Bundestages im November 1994. Gerhard Schröder sprach sich 1998 beim Festakt zum Tag der Deutschen Einheit in Hannover für die Brechtsche Hymne aus: „Für eine andere habe ich eine besondere Vorliebe. Das ist die 'Kinderhymne' von Bertolt Brecht. Die gefällt mir deswegen, weil sie, anders als ihr Titel vermuten lässt, ziemlich gut zum Ausdruck bringt, was ich mir unter einem Bewusstsein Deutschlands, das sich als 'erwachsene Nation' versteht, vorstelle“
Anlässlich der Fußball-Weltmeisterschaft und der Diskussionen um einen wieder erwachten Patriotismus ist ein Streit um die deutsche Nationalhymne entbrannt, ausgelöst wurde die Debatte durch die Gewerkschaft Erziehung und Wissenschaft (GEW), mit dem kritischen Hinweis, dass das Deutschlandlied "Stimmungen des Nationalismus und der ‚deutschen Leitkultur'“ transportiere. Gegen diese "Stimmung des Nationalismus" will seine Gewerkschaft ein Zeichen setzen, so GEW-Chef Nagel.
Bekannte deutsche Wissenschaftler, Philosophen und Künstler unterstützten die GEW-Kritik.

Man müsse sich fragen, warum in der Nationalhymne das Prinzip der Einigkeit vor dem Recht und der Freiheit stehe und warum diese Güter explizit 'für das deutsche Vaterland'– eine heute wahrlich altbacken und chauvinistisch klingende Phrase! – eingefordert werde.[29] Beide Versionen der Nationalhymne verdeutliche sehr gut die Unterschiede zwischen dem rückwärtsgewandten Ideal einer „deutschen Leitkultur“ und der fortschrittsweisenden Vision einer „Leitkultur Humanismus und Aufklärung“(„aufgeklärter Patriotismus“)
Brecht bestärkt in seiner Hymne vor allem das friedliche Nebeneinanderleben der Völker.

Europa von heute: Ein friedliches Nebeneinanderleben, ein gleichgültiges Miteinanderleben, ein solidarisches Zusammenleben oder ein egoistisches Auseinanderleben?

Alle europäischen Bürger haben gleiche politische Rechte. Eine europäische Wahl müsse deshalb einen europäischen Parlamentarismus mit dem Grundsatz der Gewaltenteilung unter einem gemeinsamen republikanischen Dach zusammenführen. Die derzeitigen Krisen könnten sehr schnell den Zusammenbruch der EU bewirken.[30]
Staatsbürger verschiedener Nationalstaaten haben sich auf ein europäisches Projekt, nämlich die EU eingelassen. Aber die Nationalstaaten determinieren, sie sind trotz des Binnenmarktes nicht in einem gemeinsamen Rechtsraum.
Ein echtes politisches Projekt Europa, das eben auch die demokratische, die soziale und die „fiskalische Flanke schließt“, kann sich in einer Republik verwirklichen. Denn der Begriff

---

[29] Michael Schmidt-Salomon, Vorstandssprecher der Giordano Bruno

[30] Vgl. Ulrike Guérot, Warum Europa eine Republik werden muss! Eine politische Utopie, Dietz Verlag, Bonn 2016

und die Idee der Republik haben eine positive Resonanz, denn Menschen können sich mit ihr identifizieren, wenn sie für das europäische Projekt emotional angesprochen und begeistert werden, so Guérot

Die finale Überwindung des Nationalismus in einem großen, geeinten Europa ist vielen ein realutopischer Traum. Die Gründer des europäischen Projektes zogen aus der Zerstörung der europäischen Kultur, Infrastruktur und humanitären Lebens die Lehre, dass nationale Demokratien keine Überlebenschancen haben werden, denn transnationale und globale Prozesse sind nur durch transnationale Demokratien gestaltbar; weder nur innerhalb nationaler Grenzen kann sinnvolle Regelung stattfinden, noch dürfen Nationalstaaten ‚begrenzt' werden, so auch das Anliegen von Robert Menasse zur Weiterentwicklung des europäischen Projekts. Das Ende des Nationalstaats sei gekommen und prophezeit "Heimat ist die schönste Utopie"[31] Nationen seien Betrug, Regionen seien Heimat.
Mit der Diskreditierung des Konstrukts Nationalstaat wird eine Utopie der Europäischen Union als moralische, friedenssichernde Instanz zugunsten von ‚Heimat' mit starken, identitätsstiftenden Regionen (Heimat) ersetzt: Eine ideologische Verklärung?
Die Hoffnung trüge, eine Ausweitung der Kompetenzen des Europäischen Parlaments lasse das Demokratiedefizit der Union beheben. Der ehemalige Verfassungsrichter Dieter Grimm[32] zeigt auf, dass eine Ursache für die starken Akzeptanzprobleme in der Verselbständigung der exekutiven und judikativen Organe der EU (Kommission und Europäischer

[31] Robert Menasse, „ Heimat ist die schönste Utopie" , Reden (wir) über Europa, edition surkamp, 2014
[32] Vgl. Dieter Grimm, Europa ja - aber welches? Zur Verfassung der europäischen Demokratie C. H. Beck Verlag, München 2016

Gerichtshof) lägen. Er rät, die EU-Verträge auf den „verfassungsartigen Teil" zu beschränken und alles übrige als einfaches Recht zu behandeln, um den öffentlichen Diskurs und die parlamentarische Debatte in den einzelnen Mitgliedsstaaten wieder ins Recht zu setzen.

Die Idee des europäischen Föderalismus und Forderungen nach mehr Demokratie in Europa. sei „veraltet." Richtig verstandene Solidarität bedeute vielmehr, den Mitgliedstaaten mehr Freiheit für eigene, also dezentrale institutionelle Innovationen zu verschaffen, mit denen sie viel gezielter auf ihre Probleme reagieren könnten, so Jadwiga Staniszkis, Politikerin und Soziologin der Universität Warschau.

Überwindung und Grenzüberschreitungen durch neue Verbindungen, Vernetzungen, neue Verkehrsachsen, Zirkulation von Waren und Ideen, Austausch von Interessen usw. sind für Karl Schlögel[33] nicht nur Indizien eines neu entstehenden Europas, sondern realitätsnahe Erfahrungen auf seinen Reisen durch Europa.

In einem Gespräch zwischen Joseph Vogel und Sarah Wagenknecht über Ihr neues Buch[34] bekennt sie sich zur staatlichen Souveränität, die sie aber kompromisslos vom Nationalstaat unterscheidet. Dieser sei keine Lösung weder für die Problematik der Flüchtlings- noch für die Finanzpolitik. Der Nationalstaat sei dumm, es fehle ihm die demokratische Gestaltungsmöglichkeit, denn die Machtkoalition der EU zwinge,

---

[33] Karl Schlöge, Grenzland Europa: Unterwegs auf einem neuen Kontinent, Carl Hanser Verlag GmbH, 2013,

[34] Vgl. FAS, 13. März 2016, Nr. 10, S.50 , ‚Feuilleton spezial' Gespräch zwischen Joseph Vogel, Professor an der Humboldt-Universität und Sahra Wagenknechts neues Buch: „Reichtum ohne Gier: Wie wir uns vor dem Kapitalismus retten". Campus, Frankfurt, März 2016

entgegen der nationalen Wahlversprechen, ihre Entscheidungen auf, dies sei antidemokratisch.
Die EU sei deswegen bei sehr vielen Menschen unpopulär geworden, sie werde als eine „demokratieferne Lobbykratie“ empfunden, Interessen großer Konzerne gäben den Ausschlag. EU-Europa missachtet im Wesentlichen demokratietheoretische Fundamente, so z.B. den Gleichheitsgrundsatz aller europäischen Bürger.

Walter Hallstein, der erste deutsche Präsident der Europäischen Kommission, sah schon 1964 das künftige Europa nicht nur als Bündnis von Nationalstaaten mit gemeinsamem Wirtschaftsraum, sondern forderte als Ziel eine Verfassung Europas zur Überwindung des Ungleichgewichts zwischen großen und mächtigen und kleinen und politisch machtlosen Nationen.

„Wenn öffentliche Konflikte und Gefahren wachsen, dürfen Recht, politischer Gestaltungswille und freiheitliches Selbstbewusstsein nicht weichen. Sie müssen die Konflikte vielmehr schlichten und die Gefahren abwehren. Wer, vermeintlich tolerant oder auch nur ängstlich, Konflikten ausweicht und die Gefahrenabwehr in eine ungewisse Zukunft verschiebt, schafft eine Leere, in der sich Gefahren steigern und Konflikte zu Gewalttätigkeiten werden. Wer die Gefahr toleriert, akzeptiert das Ungewollte.“[35]

Jenseits nationalstaatlicher Grenzen gibt es neben der nationalen eine ethische Souveränität zum Wohle der Menschen. Europäische Souveränität ist dann eine ethische Souveränität, wenn sie Idealen als Grundlage der europäischen Einigung

[35] Paul Kirchhof, Gastbeitrag, „Unsere Wertegemeinschaft“, http://www.faz.net/aktuell/feuilleton/debatten/maximen-zur-freiheit-und-zur-sicherheit-14022953.html, 21.01.2016

verpflichtet ist: Zu einer sozialen, antitotalitären, solidarischen und ökologisch bewussten Gesellschaft.

Europäisches Interesse übersteigt nationalstaatliche Interessen, ein Grundübereinkommen (‚Europäische Magna Charta') beendet administrative Kleinstaaterei und ist imstande, die politische Dimension Europas zu stärken.[36]

Für seine Verdienste um Europa erhielt Papst Franziskus den renommierten Aachener Karlspreis 2016
"Als Sohn, der in der Mutter Europa seine Glaubenswurzeln hat, träume ich von einer neuen europäischen Humanität. Ich träume von einem Europa, von dem man nicht sagen kann, dass sein Einsatz für die Menschenrechte an letzter Stelle seiner Visionen stand." In seiner Rede forderte er zudem neue Wirtschaftsmodelle, „die in höherem Maße inklusiv und gerecht sind". Die Pläne der Gründerväter, jener Herolde des Friedens und Propheten der Zukunft, seien nicht überholt: Heute mehr denn je regten sie an, Brücken zu bauen und Mauern einzureißen, unterstrich Papst Franziskus.

[36] Anhang (3)

6. Phänomen des Populismus

Populismus sei eine Ideologie ohne Weltanschauung, die eine recht starre ideologische Form mit sehr variablen Inhalten aktiviere [37]

Populismus bezieht sich auf einen Anspruch und auf eine Methode und lässt sich nicht „rechten" und „linken" Inhalten im traditionellen Sinn zuordnen, sondern erscheint als eine weitgehend politische Agitationstechnik mit überwiegend radikalen, kompromisslosen Lösungen außerhalb der etablierten politischen Elite.

Ergänzt wird diese vertikale Abgrenzung (Volk vs. Elite) von der horizontalen: die „Fremden", die „Anderen".

Während im traditionellen Sinn also die „Linken" zur universalistischen Ideologie und zum sozialen Gleichheitsverständnis tendieren, werden die „Rechten" überwiegend als fremden- und pluralismusfeindlich definiert.

Vertreter des Linkspopulismus grenzen sich überwiegend ideologisch gegen Institutionen und Kapitalgesellschaften ab: EU, USA, globale Konzerne, internationales Großkapital usw.

Rechtspopulisten betonen den Vorrang der Gemeinschaft vor dem Individuum, die nationale Identität gegen die europäische Integration und die ökonomische Globalisierung, die Unterordnung des Bürgers unter die Staatsräson und lehnen den Wertepluralismus einer liberalen Demokratie ab. Als Volkswillen ausgegebene Parolen der Einheitlichkeit zur Entfaltung von Macht zielen auf Emotionen oder Instinkte; dies gilt auch für jene Populisten, die sich im Namen des Volkswillens und der Demokratie an ihre Abschaffung machen, gemäß dem Wesen des antagonistischen Prinzips der Demokratie. Eine stabile harmonisch-kritische Zivilgesellschaft muss in eigener Sache,

---

[37] Vgl. Hartleb, Florian (2005), Rechtspopulistische Parteien. Konrad-Adenauer-Stiftung, Arbeitspapier / Dokumentation Nr. 143, Sankt Augustin

einer in interessengesteuerten Fraktionen tätig werden, eigene Bedürfnisse und Interessen in dafür geeignete Organisationsstrukturen integrieren.
Eine fundamentale Konfrontation bildet sich zwischen den „etablierten“ Parteien von ehemaligen Sozialisten über Sozialdemokraten, Grüne, Liberale bis hin zu christlich-konservativen Parteien auf der einen Seite und neuer populistischer Parteien (links, rechts) auf der anderen Seite. Der Populismus unterscheidet polar zwischen der sozialen, wirtschaftlichen und politischen Elite einerseits, sowie zwischen „der“ Mehrheit und „dem“ Volk andererseits.
„Jetzt kommen die Populisten, machen Dampf, machen Hitze, machen Reibungshitze. Zur Politik gehört auch Leidenschaft. Also, die Populisten haben ein wichtiges Element in die Politik zurückgebracht: Leidenschaft. Es ist nicht nur Augenmaß, wie Max Weber gesagt hat, sondern eben auch Lcidenschaft.“ Claus Leggewie[38]

Der Populismusbegriff hatte lange einen nur negativen Klang, er war mit politischen Bewegungen verbunden, die weit entfernt von allen Prinzipien rationalen Handelns angesiedelt waren und viele Formen der Demagogie aufwiesen.
Eine erweiterte Sicht und Beurteilung von Populismus werden als Prinzipien der Grunddimensionen des Politischen genannt. Mit unerfüllten, unbefriedigten Ansprüchen bilden populare Gruppen als kollektive Akteure Identitäten heraus und stellen eine Solidarität her- gegen „Machthaber“, Eliten usw. wirksam auf lokaler Ebene, auf nationalstaatlicher oder auf internationaler Ebene. Keine populistische Mobilisierung komme ohne jede institutionelle Verankerung aus, was bedeute, dass Populismus ein Bestandteil jedes politischen Systems sei, keine

[38] Leggewie, Claus, Nanz, Prizia, „Die Konsultative" , Mehr Demokratie durch Bürgerbeteiligung, Wagenbach Verlag, 2016, Quelle (Zitat): Deutschlandradio Kultur, Interview mit Christian Rabhansl, Leipziger Buchmesse

Sphäre eines Abweichenden oder Andersartigen, die sich aus einer rational funktionierenden Gesellschaft heraushalten ließe, so Ernesto Laclau[39]
Seiner Überzeugung nach sei es naiv zu glauben, die rassistischen und fremdenfeindlichen Diskurse der Rechten seien durch und durch reaktionär – auch in ihnen gäbe es Anrufungen von realen Bedürfnissen und Ansprüchen der Subalternen, die eben mit reaktionären Elementen verknüpft seien, die Konstruktion popularer Klassen sei eine politisch-hegemoniale.
In ganz Europa schüren Rechte und Rechtspopulisten die Angst vor Asylbewerbern, machen Stimmung im Internet und organisieren Demonstrationen. Ihre rechtspopulistische Identität ist die Kritik über Immigration und Islam, von empfundenen ‚Parallelgesellschaften' und ‚Integrationsdefiziten'
"Wenn wir nicht in der Lage sind, dieses Problem anzugehen, wenn wir keine dauerhaften Lösungen finden können, werden wir einen Anstieg der extremen Rechten auf dem europäischen Kontinent erleben, so Frans Timmermans, Vize-Präsident der EU-Kommission .
Das Gefühl oder die Angst einer ‚Überfremdung', die sich nicht unbedingt rational begründen lässt, scheint als globale Bedrohung wahrgenommen zu werden. Die Globalisierungskritik wurde eigentlich vom linken Spektrum begründet, wird jetzt aber auch in rechtspopulistischen Parteiprogrammen instrumentalisiert. Sie sind zunehmend EU-kritisch, insbesondere im Blick auf die zunehmende Internationalisierung und Zentralisierung politischer Entscheidungsprozesse in Europa so-

[39] Laclau, Ernesto, „Drei Merkmale des Populismus" in: Zeitschrift-Luxemburg, Heft 18 1/2014

wie einer übermäßigen Bürokratie, die den Kontakt zum Alltag der Bürger verliert.

Eine freie Gesellschaft brauche deshalb den freien Bürger, der das Freiheitsangebot annimmt und durch selbstbestimmtes Leben zur freiheitlichen Gesellschaft beiträgt. Politische Gemeinwohlentscheidungen seien nicht allgemein und ersichtlich vorgegeben, sondern bedürfen der legitimierten Entscheidung. ‚Vertreter des ganzen Volkes' verfügten aber nicht kraft Amtes über höhere Vernunft oder bessere Moral, sondern seien in der Ersteinschätzung und Entscheidung bei neuen Entwicklungen (hier: Flüchtlingsfrage) auch für bessere Lösungen offen, so Paul Kirchhof

Im Gewand der alten Linken erscheinen die neuen Rechten als Antikapitalisten. Rechtspopulisten zeichnen Erfolge in vielen Ländern Europas: Front National in Frankreich, UKIP in Großbritannien, oder die AfD in Deutschland, Niederlande, Polen, Slowakei, Skandinavischen Ländern u. a. So werden globalisierungskritische Rechtspopulisten als Gefahr für Frieden, sozialen Zusammenhalt und für ökonomische Entwicklung gesehen. Diese verstehen sich als Sprachrohr der Menschen, die Angst haben, etwas zu verlieren. In einer situativen Wendigkeit wechselten sie vom Vorwurf eines ausuferndem Wohlfahrtsstaat zum Bekenntnis des Ausbaus des Sozialstaats. Sie fürchten aber, dass andere- Fremde, Flüchtlinge, Asylanten u. a.- ihnen etwas wegnehmen könnten, vom ‚Wohlstandschauvinismus' ist die Rede. Auch in der Parteienlandschaft Deutschlands (Sozialdemokraten 03/2016) werden ‚Begehrlichkeiten' als populistische Meinungsmache hinsichtlich einer gerechteren Verteilung der wachsenden Steuereinnahmen kritisiert.

Aber: Es gibt ein Menschenrecht auf körperliche Unversehrtheit nicht aber auf das Menschenrecht eines im Wohlstand ungestörten Lebens.
„Weder rechts noch links – französisch!" lautet etwa ein zentraler Slogan des Front National. Rechtspopulisten betonen hier den Nationalstaat als wichtigen Schutzwall gegen Terroristen, Islamisten, Muslime, Kriegs- und Wirtschaftsflüchtlinge, Globalisierung, Nationalidentität usw.
Mit einer negativen Abgrenzung gegenüber der aktuellen Politik werden Signale ausgesandt, die den Bürgern vermitteln sollen, dass auf ihre Nöte oder Erfordernisse eingegangen wird, unbürokratisch und unmittelbar. Das Bedürfnis und der Wunsch der Menschen nach Sicherheit in Zeiten zunehmender Verkettung, Komplexität, Beschleunigung und Intransparenz forcieren die Polarisierung und Abgrenzung in einer bisher als relativ homogen verstandenen Gemeinschaft.
Das Verdikt von der Alternativlosigkeit politischer Lösungen erfährt z.B. durch die AfD anscheinend eine Alternative, allerdings erweist sich darüber Empörung im paternalistischen Gehabe durch Vertreter etablierter Parteien in der Ausgrenzung der Ausgegrenzten als Bärendienst für die Demokratie. Mit überragender Sachkenntnis und überzeugender Differenzierungsfähigkeit muss man sich gegen extrem populistische Ansichten in einer liberalen, offenen Gesellschaft positionieren, die gebotene Freiheit auch extrem Andersdenkenden achtend.
Angst, begründet oder unbegründet, offenbart sich nicht nur im wachsenden, öffentlichen Unmut in den vielfach spontanen Bürgeraktionen gegenüber den politischen Repräsentanten und den herrschenden Repräsentationsformen, sondern auch schon konkret in der Absicherung von Wohnanlagen, im Rückzug und Abgrenzung. Mit dem Gefühl unsicherer Zeiten, - Terroranschläge, Übergriffe, Eigentumsdelikte usw.- sind Vertrauensverluste in den gesellschaftlichen Zusammenhalt des Gemeinwesen verbunden. Sind aber die „Gated Communities" nicht Anzeichen für den Beginn des Zerfalls der offenen, ent-

grenzten Gesellschaft? Entziehen die Bürger dem Staat das Vertrauen oder wird das in den Staat gesetzte Vertrauen nicht mehr gerechtfertigt? Auch aus Angst vor Terroranschlägen und wegen der Flüchtlingskrise werden die Deutschen in der Wahl ihrer Urlaubsziele vorsichtiger, Länder wie Griechenland, der Türkei, Ägypten u. a. werden in diesem Jahr weitgehend gemieden.

„Das Aufkommen eines rabiaten Rechtspopulismus, der Stimmengewinne sucht durch eine mehr oder minder subtile Menschenfeindlichkeit und einen weniger offenen Chauvinismus als den, der von Rechtsextremen vertreten wird, muss bedrohlich erscheinen." Rechtsextremismus und Rechtspopulismus seien nicht nur eine deutsche, sondern auch eine europäische Herausforderung. Nationalismus und Populismus, die Stigmatisierung von Gruppen und anti-europäische Reflexe als Teil einer (Rück-) Besinnung auf Nationalstaatlichkeit seien auf dem Vormarsch.

Äußerst zerbrechlich sei dabei eine Gesellschaft, wenn sie Meinungen, Überzeugungen, Affekte und Handlungsabsichten rechtsextremer antidemokratischer Randgruppen aufweise, weil sie sie akzeptiere oder unreflektiert reproduziere.[40]

Anhänger der Protestbewegung PEGIDA gehen auf die Straße, um gegen eine Islamisierung des Abendlandes zu demonstrieren. Ihre Angst richtet sich hauptsächlich auf Versagens - und Verlustängste: Arbeitsplatz, sozialer Status, Eigentum, kulturelle Identität, persönliche Freiheit – verstärkt durch die diffuse Angst vor allem Fremden und die generelle Angst vor Veränderung.

[40] Andreas Zick Anna Klein, „Fragile Mitte –Feindselige Zustände Rechtsextreme Einstellungen in Deutschland" 2014, Zitat:S.59, vgl.S. 18
Mit Beiträgen von Eva Groß, Andreas Hövermann und Beate Küpper, Herausgegeben für die Friedrich-Ebert-Stiftung von Ralf Melzer

Das Establishment wird als insgesamt korrupt stilisiert, das einfache Volk als rechtschaffenes Opfer dieser Haltung. Ethnozentristische, wohlstandschauvinistische und xenophobische Positionen bieten durch anti-institutionelle, anti-elitäre, antiliberale und anti-systemische Haltungen Widerstand.

Ein zunehmender Anteil der Bürger wenden sich von den zentralen Institutionen und Werten der liberalen Demokratie ab, es sind die traditionalistisch orientierten ‚Modernisierungsverlierer'.
Es stehe nicht gut um die Demokratie. Die Verachtung für die Parlamente rechts wie links kippe allmählich in offene Verachtung, in Feindseligkeit. Es sei die Stunde der Populisten.

Im Zusammenhang mit fremden-, islam- oder asylfeindlichen Protesten haben auch die offen bekundeten Anfeindungen gegen die sogenannten „Staatsmedien der Merkel-Diktatur" zugenommen, so sind auch bei Kundgebungen der Dresdner Pegida und der Protest gegen die Asylpolitik der Bundesregierung zur Fundamentalkritik am System geraten. Die „Machtelite"- Vertreter der Medien- werden als „Volksverräter" beschimpft und Zielscheibe von Hetze, Hass und Gewalt. Medienverdrossenheit und Politikverdrossenheit radikalisieren sich zunehmend gegen Journalisten und Politiker.

Jeder erfolgreiche Politiker sei heute natürlich Populist, so das Credo von Norbert Bolz.[41]
Amerikanische Marketingexperten bezeichneten es als ‚Mind Share':

---

[41] Bolz Norbert, Dr. phil., „Celebrity Design" und „Muddling Through" Die zwei Gesichter der postmodernen Politik, in: 401 Forschung & Lehre 8/2002

Kampf um Aufmerksamkeit in den Köpfen der Wähler. Und weil die Wähler vor allem auch Konsumenten seien, müsse sich die Politik hier gegen Wirtschaft und Entertainment behaupten. In einer Mediendemokratie, gleich Mediendarwinismus, werde Parteipolitik personalisiert, gegen die Unterscheidung von Gefühlen wie Sympathie/Antipathie kämen Sachfragen nicht an.

Das Erstarken populistischer Parteien und Bewegungen gleicht einem Seismograph für gesellschaftliche Fehlentwicklungen, ein zuverlässiger Indikator für Unstimmigkeiten zwischen sozialen Eliten, politischen Repräsentanten und dem „einfachen Bürger“. Ungleichheit und Unsicherheit, durch neoliberale Umstrukturierungen (Globalisierung und Modernisierung) lassen den Populismus erstarken.

„Trotzdem dürfen wir den Populismus nicht ignorieren, oder mit großer Geste abtun. Sondern wir müssen ihn als Indikator verstehen. Wo Populismus wächst, liegen Ängste zugrunde, auf die Politik wohl noch keine ausreichende Antwort gefunden hat. Und all den Ängsten, die ich genannt habe, liegt in meinen Augen eine Gemeinsamkeit zugrunde: die Angst vor Kontrollverlust.“[42]

Populismus sei kein Stigma, sondern eine Reaktion auf die Negierung von Problemen durch die herrschende Politik. Wenn Parteien ihre seismografische Aufmerksamkeit verlören, weil sie nicht mehr in den unterschiedlichen Milieus unserer

---

[42] Steinmeier, Frank Walter, „Europa zusammenhalten" , Rede beim 19. WDR Europa Forum im Auswärtigen Amt, 12.05.2016

Gesellschaft verankert seien, dann werden sie irgendwann – und zwar gewaltig – vom Wähler abgestraft.
Deswegen brauche es einer Revitalisierung der politischen Parteien, ohne die eine repräsentative Demokratie nicht funktionieren könne.

„Lernen Sie die fremden Kulturen kennen, überzeugen Sie sich von ihrer Kreativität und ihrem Entfaltungsreichtum, dann wird Ihnen gewahr werden, dass die Phobokratie nur derjenige zu überwinden in der Lage ist, der den Anderen in seinem Anderssein stehen lässt, ihn aber zugleich als Menschen willkommen heißt. Orientieren am Gebot der Stunde heißt, Austreten aus den eingefahrenen Pfaden und sich auf die Fremdheit einlassen. Auf diese Weise hat neues Denken auch im fortgeschrittenen Alter noch eine Zukunft."

Mohammed Khallouk, Replik auf Sloterdijk, 16.3.2016

in: Freitag-Community

7. Phobokratische Kräfte

Menschen haben vielgestaltige Angst vor Dingen und Geschehen,[43] die außerhalb ihres Vorstellungs- und Handlungsvermögen liegen und sind willig, diese Ängste zu überwinden. Die Gesellschaft bestimme mit, wovor wir uns fürchten, so Gerd Gigerenzer Risikoforscher und Psychologe. Menschen verzichten auf mit Gefahren verbundene Erfahrungen und fürchten, was auch andere fürchten. So löst Unbekanntes auch schnell Hysterie aus, von Medien aufgegriffen und somit Ängste steuernd, insbesondere wenn dies unverhofft viele Betroffene erreicht (Köln, Silvesternacht!)

Deswegen vertrauen sie sich Personen und Gruppen an, die Lösungen zur ‚Angstbefreiung' anbieten: Weisungen, Ratschläge, Instruktionen außerhalb rationaler Erfahrungsbereiche, einfache Formulierungen für komplexe Zusammenhänge. Hoffnungsversprechende Erlösung macht von diffuser Angst geplagte Menschen manipulierbar, aber ebenso wird Furcht-

---

[43] Immer mehr Bürger in Deutschland rüsten auf: Von Ende November 2015 bis Ende Januar 2016 nahm die Zahl der "Kleinen Waffenscheine" um mehr als 21.000 zu. (Nach den Terroranschlägen von Paris und Vorfällen am Kölner Hauptbahnhof in der Silvesternacht hatten die Behörden in mehreren Bundesländern in den vergangenen Wochen immer wieder wachsendes Interesse am "Kleinen Waffenschein" gemeldet, insgesamt derzeit 301.000) Mit einem Abwehrmittel fühle man sich sicher kauft, man habe ich eine andere Körpersprache und komme erst gar nicht in diese Opferrolle, so der erfahrene Meinhard; ob Mann oder Frau, ob alt oder jung, die Mitte der Gesellschaft seien Kunden; ein Verbot verstärkte aber den illegalen Waffenhandel)

Die Grünen-Abgeordnete Mihalic(selbst ausgebildete Polizistin) sieht die Politik in der Pflicht. Sie müsse es sehr ernst nehmen, dass sich die Menschen an öffentlichen Plätzen zunehmend unsicher fühlten,. Ziel müsse sein, dass Menschen darauf vertrauen, dass das Gewaltmonopol beim Staat liege.

die bewusste Auseinandersetzung von zu benennenden Ursachen und Auswirkungen- Abhängigkeit herstellen. Die Herrschaft der Angst (Phobokratie) vor Terror, angenommener Islamisierung, allgemein drohender Überfremdung, scheint Europa in den Griff bekommen zu haben. Ernstzunehmender Angst – begründet durch Fakten und einsichtige Argumente – stehen panikmachende durch interessengeleitete Kämpfe politischer Meinungen und Deutungen gegenüber. Parteien, Bewegungen und Politiker versuchen auf diesem Hintergrund, umgehende Ängste noch weiter zu schüren, zu mobilisieren und für ihre Zwecke zu instrumentalisieren. Irrationale Ängste verwehren den Blick auf Fakten und werden so zu Manipulationen genutzt.

Nach den Anschlägen von Paris und Übergriffen von Köln melden sich verstärkt europäische Rechtspopulisten und provozieren zunehmend Panik und Hysterie.

(Angstpolitik wurde aber auch in den Zeiten der Friedensbewegung instrumentalisiert. z.B. Abrüstungsbewegungen der Linken und Alternativen)

Die Angst vor Überfremdung, vor Unsicherheit, vor politischer wie kultureller Heimatlosigkeit und vor dem Gefühl, ‚nicht mehr Herr im eigenen Haus zu sein', sind Befürchtungen und real existierende Sorgen, die den Populisten und Extremisten in ganz Europa Zulauf und damit Einfluss auf die Politik der Nationalstaaten bescheren.

Gruppenzusammengehörigkeit bestärken und bestätigten Emotionen, Riten und Dogmen: Versammlungen, Demonstrationen, Protestaktionen und im besonderen Maße Foren im Internet, anonym und damit verbal entfesselt.

Radikales Gedankengut, antidemokratische Agitationen mit kruden Thesen werden sowohl von Terroristen als auch von Rechts- und Linksradikalen im Internet verbreitet und finden in der ‚Netzgemeinde' entsprechend Gehör.

Der ‚Zündelmob' stamme aus der Mitte der Gesellschaft „Emotionalisierte Einzeltäter" ohne ideologische Anbindung

an rechte Strukturen, so der BKA. Via Netzhetze in sozialen Medien mobilisieren aber auch dezentral organisierte Neonazis: Deutschland müsse allein, autark, autonom möglicht schnell rücksichtslos und unerbittlich handeln. Die ‚Machtergreifung' des Mob (Pegida!?) zeigt sich u. a. im Hashtag #MerktEuchDieNamen der Gegner, ob Journalisten, Politiker, Aktivisten, Künstler, Unternehmer [44]
Der Hass der Linksextremisten, in einschlägig vorbelasteten Internetseite von „linksunten" begrüßt, wird sichtbar in den vermutlich linksextremistisch motivierten Brandanschlägen (11/2015) auf die Autos der konservativen Aktivistin Hedwig von Beverfoerde („Demo für alle") und der AfD-Politikerin Beatrix von Storch: Das reaktionäre Pack müsse zur Rechenschaft gezogen werden und mittels Brandanschlägen die notwendige Quittung bekommen, so die linksextremistische ‚Ankündigung'. Derartige Erklärungen erfahren allerdings medial eher eine gewohnheitsmäßige Akzeptanz.
Auch der umgekehrte nach innen gerichtete Rassismus ist daher menschenverachtend. So ist der Selbsthass, der aus Parolen zur Verunglimpfung des Staates wie „Deutschland, du mieses Stück Scheiße" spricht, dem Fremdenhass entsprechend. Bei der Frage der Integration der Zuwanderer sind also nicht nur Sprachkenntnisse und Bekenntnis zum Grundgesetz einzuholen, sondern muss auch der gesellschaftliche Zusammenhalt hinsichtlich (demokratischer) Traditionen, Kultur und Selbstverständnis gewahrt und nicht gering geschätzt werden.

Via Internet erfolgreich globale Aufmerksamkeit zu erzielen und Schrecken zu verbreiten gelang IS-Terroristen durch Veröffentlichung von Enthauptungsvideos: Einerseits Aufschrei des Entsetzens im Blick auf die menschenverachtende, bestia-

---

[44] Vgl. http://www.spiegel.de/netzwelt/web/sachsen-des-poebels-kern-kolumne-von-sascha-lobo-a-1079046.html

lische Tat, andererseits ‚Jubelstürme' frustrierter Sympathisanten, die der Verführung der IS-Terrormacht erliegen und zur Radikalisierung angehalten werden. Sie ziehen in das ‚Kalifat' bzw. ‚Heiligen Krieg' und gehören damit einer heils- und erfolgsversprechenden Gemeinschaft an: der religiös-ideologisch motivierte Islamkonvertit, aber auch der enttäuschte, gelangweilte und Abenteuer suchende Jugendliche (‚vom Loser zum Krieger') Der radikale Islamismus entwickelt sich immer mehr zu einer subversiven Jugendkultur und Sammelbecken für Anhänger aller Teile der Gesellschaft, die sich einer extremistischen Ideologie zuwenden und sich von den Werten dieser Gesellschaft entfernen: Ein Bruch mit der westlichen Kultur, eine Jugendrevolte?

„Nur ein Islamverständnis, das mit den Werten der Demokratie vereinbar sei, gehöre zu Deutschland."[45]

Mit all jenen müssten wir uns auseinandersetzen, die Andersdenkende abwerteten, an einen zornigen Gott glaubten, der Ungläubige mit der Hölle bestrafe, Geschlechtertrennung befürworteten, die Gleichberechtigung ablehnten, die an Verschwörungstheorien glaubten, die antisemitisch eingestellt seien, die jeden Zweifel und jedes Hinterfragen des Glaubens ablehnten. Jugendlichen fehle ein identitätsstiftender und wertevermittelnder Lebenskontext, egal ob Muslime oder nicht, mit oder ohne Migrationhintergrund; insbesondere sei eine gewalttätige Erziehung in vielen (patriarchalisch geprägten) Familien, „im ethischen Niemandsland", Ursache von Desorientierung und Radikalisierung.

Mansour verurteilt auch entschieden den „kulturellen Rabatt", der Migrationfamilien durch Jugendämter eingeräumt werde.

[45] Mansour, Ahmad, Generation Allah. Warum wir im Kampf gegen religiösen Extremismus umdenken müssen, S.Fischer Verlag, Frankfurt/M, 2015

Man kann diese Realitäten nicht mit militärischen Mitteln bekämpfen, es muss ein politischer Kampf gegen den sich radikalisierenden Islam sein und aber auch mit gleicher Intensität gegen einen Anti-Islamismus und Radikalisierung in den europäischen Nationalstaaten.

Eine wie auch immer geartete Gegengewalt (rechte oder linke) ist nicht in der Lage, weder Hass abzubauen oder zu deradikalisieren noch eine Lösung herbeizuführen.[46]

Vertrauen aufbauen, Vorurteile abbauen, Werte vermitteln, aber auch Grenzen setzen im Rahmen der Rechtstaatlichkeit könnten Erfolg versprechend sein, insbesondere müssen aber auch die ökonomischen Zusammenhänge, die Lebensbedingungen, die Chancengleichheit und Bildungsmöglichkeit berücksichtigt werden, um sämtlichen Arten von Aggressionen den Boden zu entziehen, im Sinn einer partizipativen Demokratie in der Europäischen Union im Zeitalter der voranschreitenden Globalisierung.

"Mehr denn je wird Angst zur beherrschenden Kraft in der europäischen Politik der vergangenen Jahrzehnte. Und es handelt sich nicht um eine abstrakte, undefinierte Angst. Es geht vor allem um die Angst vor den nichteuropäischen,Anderen', die von einer wachsenden Zahl 'weißer' Europäer als Bedrohung ihrer Identität und Lebensart, ja sogar ihrer Sicherheit und ihrer Arbeitsplätze wahrgenommen werden. Im Zentrum dieser Debatten steht das Thema Islam und Einwanderung. Die Globalisierung und die mit ihr einhergehende Orientierungslosigkeit löst in vielen Menschen eine nervöse Suche nach ihrem Selbstwert aus. Je weniger die Menschen von ihrer Zukunft

---

[46] "Ich würde mir für dieses Land eine gerechtere, liberale Streitkultur wünschen: offene Debatten um die heikelsten Probleme von Gegenwart und Vergangenheit (...). Verschweigen ist gefährlich: Ressentiments nisten in der Gesellschaft. Bleiben sie unausgesprochen, dringen sie noch tiefer." Fritz Stern in seiner *Dankesrede* zum FRIEDENSPREIS DES DEUTSCHEN BUCHHANDELS zur politischen Situation in Deutschland 1999 (!)

überzeugt sind, desto stärker tendieren sie dazu, sich in negativer, defensiver Weise auf ihre Identität zu konzentrieren. Wenn jemandem das Vertrauen in die eigene Fähigkeit fehlt, die Herausforderungen der Moderne zu meistern, zieht er sich in sich selbst zurück und konzentriert sich darauf, wer er ist, anstatt darauf, was er mit anderen zusammen erreichen will."[47]
Angst vor dem Islam, vor Terrorismus und wachsender Kriminalität und zunehmende Angst vor den ‚Fremden' erzeugen fast Panik. Eine zunehmende Mehrheit der Europäer befürchtet mit dem Zustrom der Millionen von Flüchtlingen ein Unterwandern des europäischen Sozialstaats, seiner liberalen Gesellschaften und seiner gewachsenen Kultur, ohne absehbares Ende der Einwanderungen von Flüchtlingen und Migranten. Mit der Konfrontation zwischen Befürwortern und Gegnern einer Politik der Öffnung von Unterkünften für Flüchtlinge und den Brandstifter gegen Flüchtlingsunterkünfte - vollzieht sich eine Polarisierung.

Angst sei der Treibstoff der gegenwärtigen politischen Dynamik, und Angst tendiert nach rechts. Die Rhetorik der Angst – von Finanzkrise bis zu Terrorismus und Flüchtlingsströmen - habe zu einer Erosion des Selbstbewusstseins der Menschen geführt. Dass daran auch die Medien ihren Anteil haben, die mit möglichst sensationellen Meldungen Leser gewinnen oder Klicks generieren wollen, könnte der Literatur als Medium der Nachdenklichkeit und Ruhe neues Gewicht und politische Relevanz verleihen, so Priya Basil[48]

[47] Dominique Moïsi, Professor für Politikwissenschaften an der Harvard University, in: Heti Világgazdaság, ungarische linksliberale Wochenzeitung 2015

[48] Priya Basil, Manifest der Schriftsteller, 2. Europäische Schriftstellerkonferenz, Berlin, Mai 2016

Menschenfeindliche Haltungen sind im Zusammenhang mit einer extrem rechten politischen Ideologie, rechtsextremer Einstellungen, zu sehen: Befürwortung einer rechtsautoritären Diktatur, Chauvinismus, Ausländerfeindlichkeit, Antisemitismus, Sozialdarwinismus und Verharmlosung des Nationalsozialismus.
Propagandistische Forderung nach einem „Europa der starken Nordländer" und offene despektierliche Abwertung südeuropäischer Länder, dem „verlotterten und faulen Süden", heizen die EU- und Europa-kritische Stimmung zusätzlich ein. So hetzen diese Protagonisten im selbstbezogenen Nationalismus insbesondere gegen Griechenland, religiöse Minderheiten, mit reaktionärer Stimmungsmache gegen nicht-heterosexuelle Menschen, gegen sogenannte Armutseinwanderer wie Sinti und Roma aus Südosteuropa und die an Europas südlichen Küsten gestrandeten Flüchtlinge.

Von europäischen Politikern kaum beachtet, entwickelt sich eine zusätzliche Bedrohung. Die unterschiedlichen Werteauffassungen der europäischen Identität trennen den Osten Europas vom Westen, hier die überwiegend humane Solidarität, im Osten eher Betonung der nationalen, ethnischen und religiösen Solidarität.
Beispiel Bulgarien: Im christlich-orthodoxen Bulgarien ist jeder siebte Einwohner muslimischen Glaubens, die größte autochthone muslimische Bevölkerungsgruppe innerhalb der Europäischen Union. Die Bulgaren fürchten um ihre nationale Identität. („Entschleierung des Islams", „Bulgarien den Bulgaren!") und wenden sich gegen die Aufnahme muslimischer Flüchtlinge, die als Bedrohung ihrer nationalen Sicherheit angesehen werden. „Amnesty international" beklagt ein rigides und völkerrechtswidriges Vorgehen der bulgarischen Grenzschützer gegen syrische Schutzsuchende an der bulgarisch-türkischen Grenze (Svilengrader Schutzwall, EU-

Außengrenze), die videoüberwacht wird und mittels Wärmebildkameras, Radaranlagen und Sensoren im Boden jede Bewegung registriert.

„...die Europäische Union soll Brücken bauen zwischen
Tradition und Moderne, den vielfältigen Kulturen und Sprachen und so zur Erhaltung von politischen, gesellschaftlichen und kulturellen Werten in Europa beitragen“.

Hubert Pirker, ÖVPEuropaparlamentarier, 2009

8. Rechtsgrundsätze, Werte und Divergenzen

Der liberale Rechtsstaat ist eine der größten Errungenschaften der Zivilgesellschaft, so bekennt sich auch die Europäische Union (EU) zur liberalen Rechtsstaatlichkeit.
Das Hauptanliegen des Staates ist der Schutz der Freiheit des Volkes vor Willkür und Sorge um Gerechtigkeit im Blick auf öffentlich verkündete und bestehende Gesetze und Regeln, ungeachtet einer parlamentarischen Mehrheit.
Die Übertragung wesentlicher hoheitlicher Rechte an die EU, ohne effektive parlamentarische Kontrolle, führte zunehmend zur Herrschaft der Bürokratie.
Eine dringend notwendige Neuorientierung der Union angesichts anschwellender Krisen erscheint vielen Mitgliedsstaaten dringend geboten.
Beispielsweise ‚Währungsunion': Zur Rettung des Euro wurden das vertraglich vereinbarte Verbot gegenseitiger finanzieller Haftung und das Verbot monetärer Finanzierung von Staatshaushalten zur Rettung des Euro umgangen.
‚Schengenraum': Missachtung vertraglicher Vereinbarungen zur Sicherung der gemeinschaftlichen Außengrenzen und Zuwanderung usw.
Heiligt der Zweck die Mittel, wenn die EU-Bürokratie damit geltendes Recht umgeht? Als das Recht gebeugt wurde, hüllte sich das EU-Parlament in Schweigen, kein Schutz des Volkes vor der Willkür der Regierenden, wo blieb die wichtige Herrschaft des Rechts über der Herrschaft der Regierungen und der Bürokratie?
Sicherheit und Wohlstand in einem friedlichen Europa- eine große Leistung der europäischen Völker in der Vergangenheit- scheint vielen gefährdet, wenn auch aus unterschiedlicher Sichtweise und aus divergierenden Begründungen.
So klagt der bayerische Ministerpräsident Seehofer in einem Interview mit der „Passauer Neuen Presse", es sei eine Herrschaft des Unrechts, Flüchtlinge und Migranten ohne gültige

Einreisepapiere ungehindert ins Land zu lassen, wir hätten im Moment keinen Zustand von Recht und Ordnung. Er droht mit einer Verfassungsklage.
Auch die Bürgerinitiative „Ein Prozent für unser Land“[49] bekundet die Absicht, gegen das „derzeitige Asylchaos“ vorzugehen, sich für die Belange der deutschen Bevölkerung einzusetzen, die in dieser Zeit mit ihren Ängsten allein gelassen werde. Zentral ist ihre Verfassungsbeschwerde, dass die Regierung die eigenen Gesetze nicht einhalte und verweist auf die Verpflichtung der Bundesregierung, die Grenzen Deutschlands vor illegal einreisenden Ausländern zu sichern.

In unseren offenen westlichen Gesellschaften regeln Organisationsformen die Anwendung und Durchsetzung des funktionierenden Zusammenlebens auf der Grundlage von Gesetzen und Instanzen. Diese unserer westliche Lebensweise geschieht in einem säkularen Rechtstaat mit einem Werte-Pluralismus, d.h. beispielsweise, dass Sicherheit einzelne Freiheitsrechte zwangsläufig einschränken, Werteabwägungen sind Relationen: es gibt höhere und geringere Werte; sie unterliegen aber immer Rechtsgrundsätzen und Regelwerken. So muss man auch von einwandernden Muslimen strikte Befolgung unserer Gesetze verlangen, keinesfalls Aufgabe ihres Glaubens, auch wenn dieser nicht unserer libertär-hedonistischen Lebensweise entspricht.

---

[49]Vgl. http://ueber.einprozent.de/
. „Wir brauchen die Unterstützung von einem Prozent der Deutschen, nicht mehr. Ein Prozent reicht aus!
Flüchtlingsinvasion oder Asylkatastrophe? Es gibt viele Namen für den Massenansturm auf Europa und Deutschland. Wir erleben die Auflösung der Rechtsordnung und der Staatlichkeit unseres Landes. Hunderttausende reisen illegal nach Deutschland ein, fordern, was ihnen nicht zusteht, oder tauchen unter...“

Die verheerenden Anschläge der islamistischen Terroristen beruhen auf ihren brutalen Herrschaftsansprüchen, auf entschieden zweifelsfreien Wertsetzungen, fundamentalistisch und weitgehend ohne Daseinssicherheit in Tradition, Sitte, Kultur.

So müssen sich die fundamental unterscheidenden ‚Werte' bekämpfen, die Entscheidung fällt mit der höheren Überzeugtheit und Entschlossenheit, mit der größeren Skrupellosigkeit. Tendenziell erweist sich demnach die Auseinadersetzung mit den ‚Werten' als polemogen (kriegserzeugend), die Folge ist eine Radikalisierung der Gesellschaften.

Ergebnis sei eine Frontenbildung: Die Positionen verhärteten sich, Christen würden z.B. aus dem Orient vertrieben, durch die jüngsten Anschläge erschwerte man den Muslimen das Leben in Europa. Der Islamische Staat sei ein Faschismus und vergreife sich zuerst an Kultur, zerstöre Kulturstätten, töte Wissenschaftler und Intellektuelle, zurück bleibe die Wüste…

Am Verhalten zur Frau zeichne sich das Verhältnis zur Phantasie, zum Leben, zum Begehren zum Körper ab: Wie soll eine Gesellschaft gesund sein, die den Ursprung des Lebens so verachte.[50]

Aus den Suren ergebe sich ein Frauenbild, das von Generation zu Generation weitervererbt werde, demzufolge sei die Frau Gegenstand des Mannes, die ihm „nach seinen Gelüsten sexuell gefügig" sein solle.

Bekannt geworden sind Vergewaltigungen weiblicher Gefangener und der Handel mit „Sexsklavinnen", und es werden auch in Europa sexuelle Übergriffe von Männern aus islamisch geprägten Ländern an heimischen Frauen zur Anzeige gebracht, wenn auch die genannten Zahlen mit Vorbehalt zu sehen sind.

---

[50] Vgl. Kamel Daoud, algerischer Schriftsteller im Interview mit Annabelle Hirsch in F.A.S. Nr.6 S.41f 14.02.2016

Hunderte Jahre alte Werte- und Glaubensvorstellungen als Ursache aufheben zu wollen, müssen Vermittlungsbemühung der Werteorientierung von westlich orientierten und liberalen Muslimen angestrengt werden.

Exkurs:
Der slowenische Philosoph und Kulturkritiker Slavoj Zizek[51] stellt dem authentischen Fundamentalismus den terroristischen Pseudofundamentalismus gegenüber.
Der islamistische Fundamentalismus werde fälschlicherweise mit dem authentischen Fundamentalismus gleichgesetzt. Dieser kenne aber weder Neid noch Ressentiment und missbillige und bekämpfe auch nicht die Lebensart „Ungläubiger“. Der Pseudofundamentalist, der islamische Terrorist, sei selbst nicht von der Überlegenheit seiner Religion überzeugt, sondern von der ‚Unterlegenheit’ gegenüber dem Westen.
Das Versagen des Westens, seine elementaren Grundwerte Freiheit, Gleichheit, Gerechtigkeit usw. glaubwürdig vorzuleben, sei eine Hauptursache für den Erfolg des islamistischen Fundamentalismus. Weniger in einer kulturellen Differenz zwischen dem Westen und dem IS liege das Problem, sondern die Fundamentalisten passten sich der westlichen Lebenswelt aus ihrer Sicht an. Die „terroristischen Pseudofundamentalisten“ des IS seien vom sündigen Leben der Ungläubigen beeindruckt, gar begeistert: aber um nicht der eigenen Versuchung zu erliegen, bekämpfen sie die sündigen anderen.
Die Gesellschafts- und Werteordnung - globale Auswirkungen des westlichen kapitalistischen Liberalismus- seien ihre erlebten negativen Erfahrungen.
Konfliktpotenzial ergibt sich aus der unterschiedlichen Praxis westlicher Idee des Gemeinwohls und dem praktizierten

---

51 Slavoj Zizek, Blasphemische Gedanken: Islam und Moderne, Ullstein-Verlag 2015

Machtverständnis der Islamisten (Fundamentalisten, IS-Terroristen).
Öffentliche Freiheit des Individuums, Garantie seiner Persönlichkeitsrechte stehen im islamischen Gottesstaat freiheitseinschränkende Gesetze und Verbote des öffentlichen Lebens entgegen. Nicht die moderne westliche Kultur steht dem rückständigen, antimodernen und antikulturellen Islamismus gegenüber, sondern Toleranzen im und Hass auf den Westen auf der einen Seite- und Umsetzung des vermeintlichen Willen Allahs- auf der anderen Seite.
In Zeiten der Globalisierung können sie sich den Denkweisen und Handlungsstrukturen einer globalisierten Welt aber gar nicht mehr entziehen, die IS-Terroristen bedienen sich der modernsten Kommunikationsmittel (Internet, YouTube), um ihre Gräueltaten multimedial wirksam zu präsentieren und ihre internationalen Recruiting-Maßnahmen zu steuern.
Die heftigsten Eingriffe der islamistischen Fundamentalisten zielen auf die Lebensbereiche Bildung, Religion und Sexualität, sie agieren aus einem subjektiven Gefühl der Schwäche heraus, insbesondere aber auf die Furcht vor Weiblichkeit, letztlich vor der eigenen Verführbarkeit: die Frau als Verführerin, als ein Wesen, das frei von Vernunft und allein ihren Leidenschaften unterworfen ist, und das den Mann in seinen Bann zieht. Die Vergewaltigung der Frau als Täterin, ist so ihre Schuld, der Mann das Opfer. Nur entsprechend martialisches Auftreten kann die männliche Schwäche kompensieren.
Die asymmetrische Machtverteilung in der Gewaltausübung im Namen Allahs - aus westlicher Sicht Straftatbestände - spiegelt sich u. a. in der Genitalbeschneidung, Burka-Pflicht, Zwangsverheiratung und Wegschließen als Verletzungen der Menschenwürde, so Slavoj Zizek
Eine mutige Streitschrift für ein selbstbestimmtes Leben, in einem vielfältigen und pluralistischen Islam publizierte Sineb

el Masrars[52], marokkanische Wurzeln, in Hannover geboren, Chefin von „Gazelle“, dem einzigen interkulturellen Frauenmagazin in Deutschland.

Traditionell durch eine patriarchalische Gesellschaft in islamischen Ländern begründet und mit der Religion legitimiert, verhelfe die männliche Auslegung des Korans zur Unterdrückung und Bevormundung von Muslimas, sogar in den islamischen Verbänden und Moscheegemeinden in Deutschland. Innerhalb der muslimischen Gemeinschaft, innerhalb der Familie bestehe kein Interesse eigenständige selbstdenkende weibliche Köpfe zu erziehen.
Sie fordert Muslimas auf, ein emanzipiertes und selbstbestimmtes Leben zu führen – egal ob es Sexualität, Liebe und Partnerschaft betrifft oder Familie und Erziehung.
Auch junge Männer leiden zuweilen unter Repressionen, denn nicht selten bestimmen die Mütter, welche Frauen ihre Söhne heiraten. Nicht ausschließlich Frauen sind demnach die Opfer in der muslimischen Gesellschaft, sondern auch Täterinnen, so Sineb el Masrars. Sie registriert auch, dass viele muslimische Frauen die Religion vor allem als Empowerment verstehen, ihre eigenen Stärken nutzen, bestimmte Rechte als Frau einzufordern und sich gegen all die überlieferten Traditionen (u. a. Zwangsheirat, Kopftuchzwang, Ehrenmord) zu wehren. Vorurteile der deutschen Gesellschaft, Muslima seien schlecht integriert, widerspricht sie und verweist auf errungene Leistungen wie akademische Berufe, zunehmende Selbstständigkeit und auch Emanzipation trotz ständiger Ressentiments.
Mehr individuelle Entfaltung für die junge Generation müsse möglich sein sowie eine stärkere Auseinandersetzung mit den

[52] Sineb El Masrar, "Emanzipation im Islam - Eine Abrechnung mit ihren Feinden" Herder Verlag, 2016

theologischen Quellen des Islam. Insbesondere die in Deutschland tätigen muslimischen Organisationen und Verbände müssten endlich Verantwortung übernehmen, um nicht den Islamisten die Deutungshoheit zu überlassen.[53]

[53] Die islamische Organisation Milli Görüs e.V., wegen islamistischer und antisemitischer Tendenzen umstritten, hat vor dem Landgericht München eine einstweilige Verfügung gegen das Buch "Emanzipation im Islam" von Sineb El Masrar erwirkt und eine Passage (die Organisation unterstütze die radikal-islamische Hamas von Deutschland) schwärzen lassen! Als Rechtsvertreter von Milli Görüs fungiert der Münchner Anwalt Michael-Hubertus von Sprenger, der zurzeit auch den türkischen Präsidenten Recep Tayyip Erdogan in der Causa Böhmermann vertritt.

„Die Migrations- und Integrationsverhältnisse sind in allen Staaten Europas durch Dynamiken geprägt, die insbesondere in der Nachfragestruktur ihrer Arbeitsmärkte sowie der Geschichte der einzelnen Nationalstaaten als Aus- und Einwanderungsländer, ihrer Staatsbildungsgeschichte, ihrer kolonialen Vergangenheit und ihren Politiken der Initiierung oder Abwehr von Migration sowie einer mehr oder weniger weit reichenden Integration begründet liegen".

Michael Bommes , „Migration und die Veränderung der Gesellschaft"

9. Integrationsprozesse vs. Abgrenzung

Massive ,Vielfachkrisen' erschüttern europäische Integrationsprozesse, die Legitimationsverluste der EU wachsen. Vor dem Hintergrund von Bürgerkriegen, Terrorismus und Massenimmigrationen eskalieren in der EU antieuropäische Stimmungen und lassen Nationalbewusstsein wachsen.

Innerhalb der EU geht der Diskurs nicht nur um das Spannungsverhältnis nationale - europäische Identität, sondern auch zunehmend um den Schutz von Minderheiten und der kulturellen Vielfalt (cultural diversity), Grundpfeiler europäischer Demokratien. Im Besonderen um Vereinbarkeit unterschiedlicher Identitäten: Von "europäischem Staatsbürgersein " und „Muslimsein"

In allen westeuropäischen Nachbarländern Deutschlands ist die Situation vergleichbar, auch wenn weiter- und tieferreichende Erfahrungen mit Migrationbewegungen in den ehemaligen Kolonialmächten, wie Frankreich, Großbritannien, Niederlande scheinbar auf mehr ,Vorbereitung' schließen ließen.

Auswirkungen des transnationalen Terrorismus in Europa sind das wachsende Misstrauen gegenüber Menschen muslimischen Glaubens: Diskriminierung und Stigmatisierung gegen schon europäische Staatsbürgern und im besonderen Maßen gegenüber dem durch internationale Konflikte, radikalisierten Islamismus und internationalen Terrorismus vorbelasteten ,neuen' Asylsuchenden.

Menschen mit muslimischem Migrationhintergrund werden mit einer fremden Lebenskultur in den europäischen Einwanderungsländern (Deutschland, Frankreich, Schweden, Niederlande, England usw.) in der Regel unvorbereitet konfrontiert. Sie treffen dort als „ Ausländer“ auf „Inländer“ und auch auf hybride Identitäten („Zweiheimische“), mehreren Kulturräumen zugehörig.

Kulturelle Differenzen können positiv überhöht („Multikulti“) als Bereicherung angesehen werden oder aber auch als Bedrohung und erfahren eine negative Abgrenzung.
Namen, Gesichter, Haut- und Haarfarben, Kleidung, insbesondere der muslimischen Frauen, weisen sie zunächst aus als nicht der Mehrheitsgesellschaft zugehörig. Man erwartet von den Migranten, dass sie sich in dem neuen kulturellen Raum integrieren.
In Deutschland und anderen europäischen Nachbarländern wird über eine latente, auch zunehmend offene Fremdenfeindlichkeit, eine ansteigende Islamophobie geklagt.
Gefühlter Zwang zur einseitigen kulturellen Verortung innerhalb der sozialen Lebenswelt ist insbesondere für muslimische Jugendliche besonders problematisch; sie entfremden sich einerseits von der Herkunftskultur und im Sinnverlust traditioneller heimatlicher Werte und Normen in der Erziehung, Familie, andererseits erfahren sie das Ausgeschlossensein.
Dergestalt entstandene Identitätskrisen führen viele in eine negative Identität. Das Gefühl sozialer Minderwertigkeit wird zu einem negativen Selbstbild verinnerlicht. Zur Lösung individueller Identitätsprobleme sind Haltung der Verweigerungen im Blick auf Bildung und Ausbildung, damit stärker erwerbslos und gleichzeitig gesellschaftlich dem inneren und äußeren Assimilationsdruck ausgesetzt. Hohe Bereitschaft der Hinwendungen zur Kriminalität sind realitätsnahe Erklärungen.
Ebenso sind Reaktionen wie Desintegration, Radikalisierung, Islamismus, anti-westliche Diskurse Formen von „Gegenidentitäten", flankiert von radikalen muslimischen Predigern, die Europa als Abgrenzungsmodell nutzen.
Das Projekt Europa versteht sich als eine Gemeinschaft der Bürgerinnen und Bürger, unabhängig von nationalen Kontexten.

Mit dem Begriff „postnationale Staatsbürgerschaft“[54] wird die Loslösung der staatsbürgerschaftlichen Rechte und Pflichten vom homogenen Konzept der nationalen Identität definiert. Allerdings war bisher sowohl die Identifikation mit der EU als politisch-gesellschaftliches Projekt als auch mit den Brüsseler Institutionen europaweit sehr gering und nimmt weiterhin ab.
Problematisch und konfliktanfällig erscheint die Integration bzw. Abgrenzung von Migranten immer dann, wenn sie sich einer Mehrheitskultur des ‚Einwanderungslandes' oder besser ‚Einwanderungsgesellschaft' auf Dauer verweigern und sich mit ihrer Herkunftskultur als Kommunikationsgemeinschaft (muslimisch: türkisch, arabisch) ab- und ausschließen. In den gegenwärtigen Krisenregionen und auch in Europa bringen diese Ungleichheiten (Ethnien, Religion) von Minderheiten dann nachhaltig keine echte Integration, sondern eine mehr oder weniger gelingende Eingliederung in ein rechtsstaatliches Ordnungssystem, einem Nationalstaat.
Aspekte der Integration wie Bildung, Arbeit, politische Teilhabe, erfolgen im Wesentlichen über die Beantwortung und Lösung sozialer Fragen zur emanzipatorischen gesellschaftlichen Partizipation in einer offenen westlichen Gesellschaft unter Berücksichtigung migrationspezifischer kultureller Besonderheiten.
Der Islamologe und gebürtige Syrer Bassam Tibi[55] sieht keine Chancen mehr für einen europäischen Islam und „kapituliert“: der „Kopftuch-Islam“ hat über den „Euro-Islam“ gesiegt.

[54] Vgl. Jürgen Habermas. Die postnationale Konstellation und die Zukunft der Demokratie, Politische Essays, edition suhrkamp 2095, Frankfurt (Main) 1998.
[55] Vgl. Bassam Tibi, „Warum ich kapituliere“, in : - Cicero 6/2016, S. 115 f, auch „Euro-Islam. Die Lösung eines Zivilisationskonflikts“, Primus, 2009).

Bassam Tibi benennt fünf Säulen für das Konzept des Euro-Islam:

1. Trennung von Religion und Politik
2. Akzeptanz der säkularen Demokratie als Grundlage des Gemeinwesens auf der Basis einer säkularen Rechtsordnung
3. Toleranz im Sinne der europäischen Aufklärung, nicht im islamischen Sinne der Duldung der Nichtmuslime als «Dhimmi» (untergeordnete Gläubige)
4. Pluralismus der Religionen als gleichwertig und Abschied vom Glauben an «Siadat» (Überordnung des Islam)
5. Anerkennung der individuellen Menschenrechte, der Geschlechtergleichheit und der uneingeschränkten Glaubensfreiheit

Ein orthodox-dogmatischer Islam (Salafismus) und ein politischer Islam (Islamismus) entsprechen diesen Voraussetzungen aber nicht, sie sind nicht reformfähig und dürfen in Europa nicht im Namen der Religionsfreiheit toleriert werden. In Europa muss die Freiheit gelten, dies offen sagen zu dürfen, ohne mit der Keule der Islamophobie geschlagen zu werden

„Was uns vorwärts treibt, ist zur Genüge bekannt: Es gibt ein unzerstörbares europäisches Selbstgefühl. Nur mit einem starken, einigen Europa können die Europäer - und kann die Welt - wirklich gedeihen. Ein zersplittertes Europa wird zum Balkan der Welt werden und zur ständigen Einladung an andere, sich in seine Angelegenheiten einzumischen. Es muss mit einer Stimme sprechen, um gehört zu werden."

Walter Hallstein, Europarat 1953

10. EU und Identifikationen

Mit dem Vertrag von Maastricht 1992 bestimmen unvermindert politische Debatten die Demokratisierung der Europäischen Union (EU).

Die Identität und Zukunft der EU scheinen mit der Identität und Zukunft der Menschen in Europa unauflösbar miteinander verbunden zu sein: Der Europäer von heute und der von morgen, der nativen und der eingewanderten und ihrer Nachkommen.

Stimmen zur machbaren und wünschenswerten Einrichtung der EU nach dem Vorbild des demokratischen Nationalstaats werden seltener.

Die demokratische Legitimierung der politischen Macht wird durch gegenwärtige Divergenzen in der Auffassung der Nationalstaaten in Frage gestellt. Mit den Machtbefugnissen der EU kann sie rechtlich verbindliche Regelungen erlassen und Entscheidungen treffen, die dann in den Mitgliedstaaten durchgesetzt werden müssen. Der Wille eines Volkes ‚Demos'- ein europäisches Volk fehlt- wird nicht erfragt, sondern der vieler ‚Demoi'

Verschiedene nationale Identitäten zu integrieren, eine gemeinsame Identität der europäischen Bürgerinnen und Bürger zu entwickeln, schreitet kaum voran: Die Identität der EU wird überwiegend durch politische Kommunikation über Massenmedien bestimmt, von Akteuren mit unterschiedlichen Präferenzen und wachsendem Populismus stark beeinflusst.

Die Idee einer demokratischeren EU wird eine ‚Demoikratie' sein müssen, d.h., die Existenz verschiedener Demoi in Einklang zu bringen.

Aufgrund aktueller politischer Krisen werden etablierte Demokratien durch Populismus stärker herausgefordert. Auswirkungen der Globalisierung und Mediatisierung auf die staatliche Politik werden als Ursache gesehen: Eingeschränkter Handlungsspielraum von Regierungen aufgrund der Verlagerung politischer Entscheidungen auf internationale, transnationale statt regionale oder lokale Ebene. Politische Entscheidungen werden kaum transparent gemacht bzw. verstanden, sodass unerfüllbare Erwartungen zur Distanzierung der Wählerschaft von der Politik führen.

Populisten machen sich Unzufriedenheit zunutze und argumentieren, dass die etablierten Parteien den Volkswillen nicht mehr länger repräsentieren oder sogar „verraten". Die Öffnung der kulturellen, politischen und wirtschaftlichen Grenzen als Folge der Globalisierung stellt eine Bedrohung dar. Populistische Politiker profitieren von der Mediatisierung, sie erhalten eine hohe Attraktivität, da sie aussprechen, was der „Mann auf der Strasse" insgeheim immer dachte.

Im Journalismus treten die Verwahrlosung und die zügellose Parteinahme allzu deutlich hervor, das Bemühen um Neutralität sei gering, „die angestellten werden für Sich-gehen-Lassen bezahlt, und sie nehmen den Job an". Die Presse sei nicht bloß käuflich, sie lüge auch, so Sloterdijk.[56] „Unsere Medienwelt ist per se terror-affin, weil sie dem Primat der Sensation verpflichtet ist."

Populistische Meinungsäußerer beeinflussen in der Politik und in den Medien politische Überzeugungen, Haltungen und Gefühle.

Aber auch ‚zügellose' Debatten und ‚radikale Auseinandersetzung' (soweit sie sich im demokratischen Rahmen bewegen), die sich nicht von vermeintlicher Alternativlosigkeit, vor unausweichlichen Sachzwängen und Konsensdruck einschüchtern lassen, gehören zum Wesen des Politischen. Zunehmend werden Entscheidungen damit begründet, dass es zu ihnen keine wirkliche Alternativen gebe: Eurorettung, Austerität, Stabilisierung des Finanzmarkts, Terrorbekämpfung, Waffenausfuhr, Grenzöffnungen und –schließungen, Wirtschaftsboy-

---

[56] Peter Sloterdijk, „Das kann nicht gut gehen" in Cicero 2.2016, S. 19

kott, politische Verhandlungen mit Despoten usw. Dem ‚unausweichlichen' Sachzwang folgt die Politik stur.
Jede politische Meinung muss auch die Chance haben, entsprechend Gehör zu finden. Wird die parlamentarische Breite auf wenige parteipolitische Positionen mit scheinbarem Konsens eingeengt, sucht sich der Streit oder Unmut andere Orte. Die Auseinandersetzungen könnten jenseits der demokratischen Arena ausgetragen werden und deshalb schnell an Dynamik gewinnen. („Wir sind das Volk"?!)
Die belgische Politikwissenschaftlerin Chantal Mouffe[57] plädiert deswegen für einen radikalen Pluralismus, als fundamentaler Bestandteil des Politischen. Es müsste sichergestellt werden, dass unterschiedliche Modelle präsentiert und diskutiert werden können – und zwar auf der nationalen, der europäischen und der globalen Ebene. Der agonistische Pluralismus, argumentiert Mouffe, setze auf einc Pluralisierung der Hegemonien, auf das Konzept einer multipolaren Welt, ein Pluriversum der Identitäten: Wettstreit statt Konsenssucht! Die Sucht nach Harmonie sei fatal!
Auch der Streit zwischen den Parteien sei keine lästige Angelegenheit, die insbesondere im Vorfeld anstehender Wahltermine (!) zur allgemeinen Unterhaltung[58] beitrage, sondern sei

[57] Chantal Mouffe: "Agonistik. Die Welt politisch denken" Suhrkamp Verlag. Berlin 2014.

[58] Scheuen die Altparteien(„Systemparteien") die demokratische Auseinadersetzung, weil sie ihre liebgewordene Pfründe bedroht sehen?
Viele Medien (Zeitungen, Funk und Fernsehen, Online-Portale) verdrehen in ihren Kommentaren, auch in ihrer Berichterstattung gegen die AfD Partei, teils unterschwellig zwischen den Zeilen, teils hämisch mit der Wortwahl teils mit offenen Entgleisungen die Wahrheit. So beispielsweise auch Frauke Petrys Darstellung im Interview mit dem „Mannheimer Morgen" („MM", 30.01.2016), die zu Aussagen zum absichtsvollen Missverständnis gedrängt wird:„Waffengebrauch im Notfall". Das mobilisiert gut organisierte Antifa-Truppen gegen die AfD, um Demonstrationen, Versammlungen, Vortragsveranstaltungen und Parteitage der AfD zu bedro-

das unaufhebbare Wesen der Demokratie. Wenn es keine politischen Auseinandersetzungen mehr geben sollte, dann könne es auch keine Demokratie[59] mehr geben. Unerwünschte politische Optionen werden angegriffen und abgedrängt, bevor sie überhaupt im Parlament zur Diskussion stehen können, deswegen ist die immer wieder kommentierte Politikverdrossenheit nicht unbedingt einem allgemeinen Desinteresse zuzuordnen, sondern als wenig überraschende Reaktion auf den Bedeutungsverlust parlamentarischer Entscheidungen.

Zudem stören offene, ehrliche Antworten das Harmoniebedürfnis vieler Bürger, geschmeidiges Auftreten mancher Politiker entspricht ihnen eher.

Unbeliebt macht sich zudem, wer sich nicht der Gruppe, dem geistigen Umfeld, anpasst. So wird Führungsfigur im Allgemeinen derjenige, der die sozial erwünschte Meinung und sein Argument vertritt und durchzusetzen imstande ist. Die schweigende Mehrheit[60] hingegen hält sich lieber mit einer eigenen, kritischen Meinung zurück. Somit wird der Nonkonformist, eigentlich ein Ideal des demokratischen und couragierten Denkers, abqualifiziert und diskreditiert. Der mündige Bürger aber

---

hen, stören und möglichst zu verhindern. Vgl. auch: Peter Schneider in Cicero 3. 2016, S. 49f, „Überlegungen eines ratlosen Wählers“

[59] Carl Schmitt, umstrittener Staatsrechtler: Der Staat mache Politik, und Politik könne nur machen, so lehrte er, wer entscheide, wer Freund und wer Feind sei; diese Urentscheidung aber könne, dürfe und müsse der Staat treffen Der autoritäre Staat nehme sich, was er brauche, um dies dann als Beweis seiner Souveränität zu feiern. Souverän sei, wer über den Ausnahmezustand entscheide.

Vgl. auch: DER SPIEGEL 39/2008, ESSAY, „DER MANN DER STUNDE“

[60] Vgl. Elisabeth Noelle-Neumann: Die Schweigespirale. Öffentliche Meinung – unsere soziale Haut. Piper, Zürich/München 1980.

mutiert zum Konformisten, flankiert besonders durch jene Medien, die kaum vom medialen Konsens abweichen.

Öffentliche Meinung stabilisiere und integriere die Gesellschaft, während Konflikte durch ‚Schweigespiralen' zugunsten jeweils einer Auffassung beigelegt werden. Insbesondere kontroverse, emotional aufgeladene Themen, in denen Meinungen und Verhaltensweisen in der Öffentlichkeit Zustimmung oder Ablehnung erfahren, schaffen bei Menschen ‚Isolationsdruck', sie verschweigen ihre eigene Meinung. Herausragend in diesem Prozess erweisen sich die Massenmedien, sie können einen maßgeblichen Einfluss auf öffentlichen Meinung ausüben: Durch Wiederholung und Übereinstimmung von Meinungsbildern.

Der Staat müsse das Recht täglich als unverrückbare, unausweichliche Regel gewährleisten, als sichtbare, tatkräftige Ordnungsmacht den Frieden im Recht wahren oder wiederherstellen. Die Demokratie entfaltet die öffentliche Auseinandersetzung in personellen und programmatischen politischen Alternativen, die jeweils gleichwertig seien, morgen Mehrheitsmeinung werden könne, den Andersdenkenden nicht als Gegner oder minderwertigen Störer diffamiere, so Paul Kirchhof in seinem Gastbeitrag in der FAZ (01/2016)

Wir sind mittendrin in der Beteiligungsrevolution. Patrizia Nanz und Claus Leggewie, leidenschaftliche Streiter für Partizipation und die Demokratisierung der Demokratie, fordern die Institutionalisierung von Zukunftsräten, ein flächendeckendes Netz konsultativer Gremien von der lokalen bis zur europäischen Ebene.
Der wahre Sinn von Politik sei die Entfaltung eines erfüllten und freien Lebens im öffentlichen Austausch mit anderen,

heute seien wir von diesem Ideal weit entfernt, so Patrizia Nanz.[61]

Nida-Rümelin sieht zwei Lösungsstrategien des Dilemmas des derzeitigen Status der europäischen Union[62].
Man könnte Europa zu einer wirklichen demokratischen Union machen mit einer echten europäischen Regierung, die man auch abwählen könne. Und weil es in Europa unterschiedliche Integrationsstufen gibt, müsste es Abstufungen der Mitgliedschaft geben.
Oder aber man müsse den schon erreichten Europäischen Zentralismus wieder abwickeln und den Föderalismus der Nationalstaaten wieder stärken. Das bedeutete, die Währungsunion aufzulösen und die nationalen Politiken zu stärken. Das sei nicht das Ende der EU, es könne etwa eine gemeinsame Außenpolitik, einen EU-Binnenmarkt und einen Rechtsrahmen geben.

---

[61] Parizia Nanz, Wahrheit und Politik in der Mediengesellschaft Anmerkungen zu Hannah Arendt, Politik. 2013, eBook

[62] Der Philosoph Julian Nida-Rümelin fordert, Europa zu einer wirklichen demokratischen Union zu machen – mit funktionierenden Außengrenzen. Gespräch Nida-Rümelin mit Dorothee Krings in Rheinische Post (RP 19.01.2016)

Für die Europäische Union ist der Friedensnobel-
preis
eine gewaltige Ehre. Dieser Preis ist die beste
Anerkennung der politischen Motive hinter unserer
Union: Die Anstrengungen von immer mehr
europäischen Staaten den Krieg hinter sich zu lassen
und stattdessen miteinander einen Kontinent auf der
Grundlage von Frieden und Wohlstand zu formen. Es
ist ein Preis nicht nur für die Institutionen und das
Projekt, sondern auch für die 500 Millionen Bürger
in
der Union.

José Manuel Barroso, Präsident der Europäischen
Kommission über die Verleihung des V Friedensnobelpreises
an die EU, am 12. Oktober 2012

11. Multiple Dilemmata

Die EU im Sinn eines politischen Gemeinwesen geht von der Voraussetzung aus, dass deren Mitglieder willens und fähig sind, sich gemeinsam selbst zu regieren ("Government of the people", Abraham Lincoln)

Die fundamentale Rechtfertigung zum Erreichen der Ziele und Bewältigung der Probleme legitimiert die politische ‚Zwangs-Herrschaft' in einer zumutbaren Gemeinwohlfunktion von autonomen nationalen Staaten auf Basis freiwilliger Kooperation und vorteilsnehmendem Austausch, eine jedoch kaum erreichbare Vorstellung.

Die Europäische Union legitimiert sich aber durch außenorientierte Argumente.

Sie sichert den Frieden zwischen Völkern; sie fördert den Wohlstand durch wirtschaftliche Verflechtung und mit Fortschritten der Integration die immer engere Verbindung der europäischen Völker.

Seit 2008 haben die internationalen Finanzkrise und dieser folgend die Eurokrise und aktuell die Flüchtlings- und mögliche Integrationskrise zu erheblichen Vertrauensverlusten geführt. Für alle Bürger der EU sichtbar und unmittelbar, wird die Auswirkung politischer Herrschaftsgewalt mittels europäischer Politik erfahrbar:

Unzureichende Einflussmöglichkeiten auf die Richtung der nationalen Politik und Verzweiflung über wirtschaftlichen Niedergang und soziale Verelendung, nicht nur in den Krisenstaaten. Europäische ‚Macht-Politik' in der EU erregt Zorn, Abgrenzung, Verweigerung und generiert Extremismus.

Das große Dilemma Europas besteht einerseits in einer notwendigen Vertiefung, also mehr gemeinsame Kompetenzen, mehr gemeinsame Abstimmung, mehr gemeinsame Durchgriffsrechte und mehr gemeinsame Kontrolle; andererseits lehnen immer mehr Bürger genau dies ab, der Unmut auf den

intransparenten, arroganten Koloss Brüssel steigt, europakritischen Bewegungen verstärken sich.
Wenn die Euro-Zone eine Zukunft haben soll, müsste sie dringend umstrukturiert werden hinsichtlich einer gemeinsamen Haushalts- und Wirtschaftspolitik mit einem gemeinsamen Finanzminister, was gleichbedeutend wäre mit der Aufgabe des souveränen Staates.
Diskrepanzen zwischen wertbezogenen Absichten und politischer „Machbarkeit" werden insbesondere bei der Bewertung der internationalen Rolle der EU deutlich, bei Fragen der Rechtsstaatlichkeit und der Menschenrechte.
Der umstrittene Flüchtlingsdeal mit der Türkei, ihre juristische Auseinandersetzungen um die Kunst und Pressefreiheit, Verweigerung der Einreise für mehrere Journalisten usw. trüben weiter das Verhältnis Europas zur Türkei. Der jüngste Vorstoß (25.04.2016) für eine islamische Verfassung - im muslimischen Land dürfe das Prinzip des Säkularismus keine Rolle mehr spielen, vom türkischen Parlamentspräsident Ismail Kahraman gefordert, belastet die Beziehungen zu Europa fundamental. Mit der Auflösung der Trennung von Staat und Religion würde sich die Türkei als mögliches EU- Beitrittsland von Europas Wertevorstellung weit entfernen.
So weist auch Volker Kauder auf die Regeln eines säkularen Staates hin, dass der Staat über der Religion stehe und fordert, dass sich daran alle zu halten haben und dies müssen die Vertreter und die Angehörigen aller Religionen akzeptieren. „Das mag in islamischen Staaten anders sein. In Deutschland gibt der Staat die Regeln vor."
Die Frage nach der Vereinbarkeit von Islam und Demokratie wird von Politikern, Soziologen und Theologen weitgehend dergestalt beantwortet, dass sich der dogmatische Islam in vormoderner Zeit ein geschlossenes System von Werten und Normen gegeben hat, mit einer Theokratie als politische Ordnung. Der historische Islam sei daher durchaus mit der Demokratie vereinbar, im Gegensatz zum dogmatischen. Nicht Mus-

lime seien per se undemokratisch, sondern die Regime, in denen sie leben.

Auf die Frage, was denn eigentlich die islamische Theologie kennzeichne, antwortet Abbas Poya[63]
„Die islamische Theologie in Europa ist ganz neu und braucht Zeit, um sich zu definieren. Es geht darum, Fragen der islamischen Theologie und Bildung in den kulturell, religiös und weltanschaulich pluralen Kontext europäischer Gesellschaften der Gegenwart zu setzen.“

Die Türkei regelte das Verhältnis zwischen Staat und Kirche seit 1937 in seiner Verfassung. Die Entscheidung fiel nicht für den Säkularismus, sondern für den Laizismus, d.h. er billigt dem Staat zu, die Religion zu kontrollieren: Moscheen und Kirchen sind keine unabhängigen gesellschaftlichen Körperschaften, eine behutsame Annäherung zum Säkularismus findet jedoch statt.

---

[63] Der Abbas Poya, Theologe Gastprofessor für Islamische Theologie und Bildung an der Universität Zürich, in NZZ 4.9.2015

11.1 Migration

Die Rechtsgrundlage der Europäischen Union bzw. ihrer Mitgliedstaaten für den Umgang mit Flüchtlingen ist die Genfer Flüchtlingskonvention, die Europäische Menschenrechtskonvention und die EU-Charta der Grundrechte.
Im Blick auf die Bewältigung der Flüchtlingsströme und Terrorismus ringen die EU-Staaten um eine gemeinsame Haltung. Europa hat eine ungewisse Zukunft vor sich. Die Flüchtlingsfrage ist dabei eines der großen Probleme. "Wir haben keine Linie mehr, wir steuern irgendwie in eine Anarchie hinein", so die düstere Zwischenbilanz von Luxemburgs Außenminister Jean Asselborn (15.02.2016) In einer Zeit internationaler Ungewissheiten sind die Zukunftsaussichten der Europäischen Union kaum noch vorhersehbar.
Niedrigere Wachstumsraten in der Euro-Zone und das Ungleichgewicht zwischen den einzelnen Volkswirtschaften sind ungelöste Probleme. Hinzu kommt der zunehmend autoritäre Stil der Regierungen Ungarns und Polens. Der gegenwärtige Mangel gemeinsamer Politik oder eines solidarischen Ansatzes, verschärft durch Ressentiments gegenüber Brüssel, lässt eine gemeinsame europäische Lösung kaum erhoffen.
Im gesamten Europa haben rechtsgerichtete, xenophobische, populistisch-nationalistische und europhobe Aktivitäten unterschiedlichen Ausmaßes zugenommen. Gemeinsames Interesse der Mitgliedsstaaten hinsichtlich der politischen und wirtschaftlichen Institutionen der EU haben bisher den Zusammenhalt gesichert, denn die Volkswirtschaften sind eng miteinander verknüpft und in globale Strukturen eingebettet, der Zerfall der Euro-Zone führten zu ernsten ökonomischen Turbulenzen.
Mit Europa und dem Konstrukt der ‚Europäischen Union' werden ideologische Aspekte mit machtpolitischen Dimensionen sichtbar: Der Wandel von der ehemals überwiegend kon-

servativen Idee des christlichen Abendlandes zum postchristlichen, überwiegend linksliberalen Europa ohne Grenzen.

In den Mittelpunkt des Diskurses rückt die ‚Zivilgesellschaft'(‚Staat') im sich etablierenden postnationalen und postchristlichen Europa.

Selektive Wahrnehmung der Realität und unterschiedliche Wertungen von Machtrealitäten durch moralische Führungsansprüche der Eliten lösen Widersprüche im Blick auf Legitimation aus, national, supranational und global.

So fordern Befürwortern der Migration, die Aufnahmegesellschaften in den europäischen Ländern hätten sich im Namen der ‚Toleranz' den Kulturtraditionen der Einwanderer zu öffnen, um gleichzeitig auf eine christlich-abendländische ‚Leitkultur' weitgehend zu verzichten.

Verfassungstreue und Integrationspflicht sind im herrschenden Diskurs die eingeforderten Leitbegriffe der Migrationsbefürworter in den Nationalstaaten Europas.

Das gegenseitige Unverständnis zwischen Kritikern und Verteidiger der jetzigen Flüchtlingspolitik scheint unüberbrückbar. Gegenseitig werfen sie sich Verantwortungslosigkeit vor, weil sie in der Analyse der Flüchtlingskrise zu unterschiedlichen Ergebnissen kommen.

Dass es sich um ein globales Problem handelt, ist unbestritten. Deutschland sei mitverantwortlich für die Krisenherde in der Welt, es könne nur eine globale Lösung geben. Die Aufnahmekapazität sei auch Ende 2016 noch lange nicht erreicht, und die Zahl der Asylsuchenden werde auch wieder sinken, so die Ansicht vieler.

Dagegen mahnen einige Politiker, Soziologen und Historiker, man müsse aufgrund der Lebensverhältnisse in der Dritten Welt vom Beginn einer neuen Völkerwanderung ausgehen.

Der Schengen Raum sei plötzlich weit aufgerissen worden, so Rüdiger Safranski, Schriftsteller und Philosoph. "Wenn wir ehrlich sind", sagt Safranski, "war doch Europa gut für die meisten aus genau zwei Gründen: dem Euro und der Reisefreiheit.

Der Euro ist ein Kapitel für sich, seine Schwächen haben sich offenbart. Und die Reisefreiheit ist nicht mehr grenzenlos, es bleibt ja nichts anderes übrig, als die Binnengrenzen wieder zu errichten, wenn die Außengrenzen nicht mehr halten." [64]
Die jetzige Politik der offenen Grenzen werde als Einladung ins Paradies missverstanden, durch falsche Signale werden Menschen ermuntert, ihre Heimat zu verlassen.
Wegen Terror, Krieg und zerfallende Staaten in der südlichen und südöstlichen Nachbarschaft Europas haben Millionen ihre Heimat verlassen. Islamistisch inspirierte Terroristen verüben mehrfach fürchterliche Anschläge im Zentrum Europas. Präsident Putins aggressives neoimperiales Verhalten mit seiner hybriden Kriegsführung erschüttert Europa und verunsichert die Nato, seine antiwestlicher Propaganda in den Medien und insbesondere im Internet [65] versucht Nationalstaaten zu destabilisieren.
Immer mehr Länder greifen zu nationalen Maßnahmen, schotten sich ab und deckeln die Zahl der ankommenden Flüchtlinge durch feste Kontingente. Von einer gesamteuropäischen Lösung der Flüchtlingskrise, wie Merkel sie fordert, ist Europa weit entfernt.
Europa habe in seiner Geschichte viele Invasionen erlebt, aber es habe immer über sich selbst hinauswachsen, voranschreiten können, um sich dann, bereichert durch den Austausch der Kulturen, wiederzufinden", so Papst Franziskus zur Flüchtlingskrise in Europa vor Mitgliedern der französischen Sozialbewegung „Poissons Roses" (Rosarote Fische)[66] Angesichts aktueller Herauforderungen in den Krisen forderte er neuen Anlauf auf dem Weg zur Einheit des Kontinents und um den Rückfall in nationale Egoismen Einhalt zu gebieten, müsse

---

[64] Rüdiger Safranski, „Europa streitet" , Die Welt, 28.09.20115
[65] Martin Malirsch, „Digitale Netzwerkgesellschaft, Realutopisch Szenarien zur Zukunftsfähigkeit" Rediroma-Verlag, 2015, S.28
[66] Papst sieht "arabische Invasion" als Chance, 4. März 2016, vgl. derstandard.at/2000032273802/Papst-sieht-arabische-Invasion-als-Chance

man gemeinsam verhandeln mit dem Bewusstsein, dass man auch etwas verlieren müsse, damit alle gewinnen könnten. „Der einzige Kontinent, der eine gewisse Einheit in der Welt stiften kann, ist Europa.“ (Papst Franziskus)
Europa darf aber nicht nach der Pfeife einer Hegemonialmacht tanzen, schon gar nicht unter der Maßgabe moralischer Überlegenheit. Nur wenn ‚die Großen den Kleinen nichts aufzwängen’, könne Europa zusammenhalten, so seinerzeit schon Helmut Kohl.
Beschlüsse in der Flüchtlingspolitik müssen umgesetzt werden. Statt Alleingänge nationaler Maßnahmen der EU- Staaten muss Solidarität eingefordert werden. Besonders dramatisch erscheint die Lage des überforderten Griechenlands, das während seiner tiefen Wirtschafts- und Finanzkrise vom Flüchtlingsandrang stärker betroffen und belastet ist als jeder andere EU-Staat. Eine gemeinsame Außengrenze oder einen von Passkontrollen freien Raum kann man nicht ohne einen gemeinsamen Staat haben, zumindest nicht in Kontinentaleuropa mit seinen exponierten Grenzen. Die Schengen-Grenze ist nur so stark wie ihr schwächstes Glied. So bemerkte Margaret Thatcher seinerzeit, sie habe nicht die Absicht, die britische Grenze von irgendwelchen griechischen Beamten bewachen zu lassen!
Die Steuerung und Kontrolle von Migration vollzieht sich zunehmend in exterritorialer Form, jenseits der eigentlichen Zielländer. Bevor Migrationströme das Territorium der Zielstaaten erreichen, wird außerhalb (Transitstaaten) als auch innerhalb des Schengen-Raums über z.B. Visumverfahren entschieden (Prinzipal-Agent-Ansatz, auch Agenturtheorie):
Auftraggeber, (EU-Mitgliedstaat, *Prinzipal*), der einen Auftragnehmer (Griechenland, Türkei usw. *Agent*) mit einer Aufgabe im gegenseitigen Einvernehmen gegen Entlohnung betraut. Da beide unterschiedliche Ziele verfolgen können, kann es zu Konflikten kommen.

In diesem Kontext geht es darum, die Türken wohlwollend zu stimmen, aber wie eng darf man mit der Türkei zusammenarbeiten, das mit immenser Waffengewalt gegen aufständische Kurden vorgehen lässt, das kritische Berichterstattung gewaltsam unter staatliche Kontrolle zwingt?
Merkel sei „einen Teufelspakt eingegangen, indem sie die hässlichsten Arbeiten an einen osteuropäischen Unterteufel (türkische Staatspräsidenten Recep Tayyip Erdogan) delegierte", viele kreiden ihr dies als Scheinheiligkeit an, denn nun solle die Türkei jenen Schutz der Grenzen betreiben, den die EU allein nicht schafft und den Merkel auf nationaler Ebene strikt ablehnt, so Sloterdijk zum Deal der EU mit der Türkei.[67]
Unbeherrschten, despotischen Äußerungen des türkischen Präsidenten Erdogan zur Armenien-Resoluton („Völkermord“)[68] des Deutschen Bundestages (Juni 2016) entgegnet Bundestagspräsident Lammert mit massiver Kritik: „Dass ein demokratisch gewählter Staatspräsident im 21. Jahrhundert seine Kritik an demokratisch gewählten Abgeordneten des Deutschen Bundestages mit Zweifeln an deren türkischer Abstammung verbindet, ihr Blut als ‚verdorben' bezeichnet, hätte ich nicht für möglich gehalten". Türkischstämmige Abgeordnete seien ein Sprachrohr von Terroristen, wies er in aller Form zurück. Diese Äußerungen seien nicht nachvollziehbar, so Merkel gewohnt leisetreterisch, und der Außenminister Frank-Walter Steinmeier verhält sich auffallend still. Martin Schulz hingegen verurteilt Erdogans Ausbrüche als „absoluter Tabubruch“. „Die Freiheit der Mandatsausübung, insbesonde-

[67] Tagesanzeiger.ch/articles/57111f3bab5c374ef1000001
[68] Die Bundesregierung stimmte fast einstimmig für die Armenien-Resolution. Es gibt nur eine Gegenstimme aus der CDU und eine Enthaltung. Bundeskanzlerin Angela Merkel, Vize-Kanzler Sigmar Gabriel und Außenminister Frank-Walter Steinmeier blieben der Abstimmung fern. Merkel beschwichtigte im Vorfeld, dass die Beziehung zwischen Deutschland und der Türkei doch freundschaftlich sei, trotz der expliziten Warnungen aus Ankara

re die Freiheit von jedwedem äußerem Druck, ist einer der entscheidenden Gradmesser für die Qualität einer Demokratie".
George Friedman, US-amerikanische Geopolitik-Experte[69], zeichnet ein düsteres Bild von Deutschland in der EU: Verunsicherung der Bürger aufgrund des Politversagens hinsichtlich der Flüchtlingspolitik. Deutschland könne in die Bedeutungslosigkeit verschwinden, dieser Untergang werde jetzt noch durch die Flüchtlingspolitik beschleunigt. Integration von Ausländern in Europa und speziell Deutschland sei extrem schwierig wegen der Geschichte, Kultur und Sprache. Ebenso schaffe das dominierende Exportgeschäft im zerfallenden uneinheitlichen europäischen Wirtschaftsraum gefährliche Abhängigkeiten. Die Europäische Flüchtlings-, Asyl- und Migrationpolitik zu gestalten sei nicht als nationalstaatliche, sondern als europäische Debatte zu begreifen, die nur gemeinsam und solidarisch beantwortet werden könne. Der Verteil-Mechanismus (Umverteilungsschlüssel) der EU-Flüchtlingspolitik erweist sich als nicht wirksam und erzeugt mehr Probleme als Lösungen.

So fordert die EBD die Abschaffung der Dublin-Verordnungen und der Erstlandzuständigkeit, ein gerechtes und solidarisches Verteilsystem in der EU sei zu etablieren, das sich an Größe und Wirtschaftskraft der Länder orientiere.
„Die EBD fordert die Mitgliedstaaten der Europäischen Union auf, flüchtende Menschen als Freunde zu empfangen und sowohl eine europäische, als auch nationale Willkommenskultur zu etablieren. Darüber hinaus fordert die EBD die Europäischen Institutionen auf, die Rahmenbedingen für eine solche Willkommenskultur zu schaffen, auch, indem sie zivilgesell-

---

[69] Vgl. http://www.businessinsider.com/george-friedman-says-germany-has-bigger-problem-than-refugees-2016-1?IR=T : ….Germany "a vulnerable, insecure country" in a bubble that could pop anytime…

schaftliche Organisationen bei ihren dahingehenden Bemühungen unterstützen.“ [70]

[70] **E**uropäische **B**ewegung **D**eutschland, Politische Forderungen 2015/16, Beschluss der EBD-Mitgliederversammlung, S.15, 3.4 Gemeinsam handeln: Europäische Flüchtlings-, Asyl-und Migrationpolitik gestalten,

"Manche Politiker möchten die Migrationproblematik durch schärfere Sicherheitsmaßnahmen zum Schutz der 'Festung Europa' in den Griff bekommen. Das soll die Öffentlichkeit von den schockierenden Bildern Hunderter zu Tode erschöpfter Afrikaner abzulenken, die wie Treibgut an die Strände gespült werden."

Louis Michel, EU-Kommissar, 2008

11.2 Humanität

Die EU erhebt den Anspruch, eine Wertegemeinschaft zu sein und wird ganz praktisch an ihrem Verhalten gemessen.
Europa wird überwiegend zuerst als Wirtschaftsraum und dann auch als politischer Verfassungsraum wahrgenommen und jetzt erst wieder mit der Flüchtlingswelle wird verstärkt der menschenrechtliche Kontext des europäischen Rechts in den Vordergrund gerückt
Differenzen innerhalb von Gesellschaften und zwischen Staaten gelten es zu überwinden und die Handlungsfähigkeit der EU unter Beweis zu stellen. Auswirkungen des Syrien-Konflikts mit den ungebremsten Flüchtlingsströmen, gleichsam eine Völkerwanderung, zeigt die verheerenden Folgen des Fehlens einer gemeinsamen europäischer Politik, einer notwendigen europäischen Außenpolitik. Der Alleingang auch eines potenten Staates, Deutschland, kann zur Problemlösung und Gestaltung europäischer Geschichte kaum etwas bewirken.
Allen Nationalstaaten in der EU muss deutlich werden, dass die lediglich immer wiederkehrende Beschreibung misslicher Krisenlagen keine Lösung bringt, sondern nur durch solidarisches Handeln erfolgreich sein kann.
Den Konflikt im syrischen Bürgerkrieg einzudämmen, haben bisher die großen Mächte versäumt bzw. verzichtet. Der UNHCR benennt die Zahl der Flüchtlinge in 2015 auf geschätzte 12 Millionen: 4 Millionen außerhalb Syriens Grenzen, 8 Millionen Binnenvertriebene, etwa 260000 Menschen fanden den Tod. Mit dem Flüchtlingsstrom, nicht nur aus Syrien, nicht nur Kriegsflüchtlinge, sieht sich die EU vor einer der größten Herausforderungen. Nato-Mitglied Türkei (auch Amerikaner), Russland, Assads Regierungstruppe in enger Allianz mit Teheran, Iran und Saudi-Arabien und andere Beteiligten unterschiedlicher islamischer Interessensgruppen stehen sich als beteiligte Kräfte gegenüber und beschwören einen großen

Konflikt. Verschärft wird die Lage durch islamistischen Terror z.B. auf russisches Flugzeug in Ägypten, die Selbstmordanschläge und Terrorattacken des IS in Ankara, Beirut, Paris usw.
Die humanitäre Großkatastrophe für die Zivilbevölkerung und die zunehmenden Sicherheitsrisiken verlangen eine Lösung von der Weltgemeinschaft, es ist kein begrenztes Problem für Stabilität und Frieden in der Region.
Nach dem Sturz Gaddafis versank Libyen in Chaos und Bürgerkrieg. In dem Machtvakuum breitete sich die Terrormiliz Islamischer Staat aus. Auch Menschenschmuggler nutzen fehlende staatliche Strukturen aus. Libyen wird von zahlreichen bewaffneten Milizen beherrscht, außerdem ringt eine von der UNO unterstützte nationale Einheitsregierung um Anerkennung. US-Präsident Barack Obama hat den nach seinem Empfinden größten Fehler seiner Amtszeit eingestanden: das Scheitern beim fehlenden Ausarbeiten eines Plans für den Tag nach der „Intervention in Libyen" (2011) und dem Sturz von Machthaber Muammar al-Gaddafi.
Barack Obamas Appell an Europa, speziell an Deutschland und an die Bundeskanzlerin Merkel in Hannover (Mai 2016) erschien in diesem Zusammenhang für viele schon recht zynisch:
"Die Vereinigten Staaten und die ganze Welt brauchen ein starkes, florierendes, demokratisches und vereintes Europa. Wir brauchen ein starkes Europa, damit es seinen Teil dazu beiträgt, mit uns gemeinsam an der kollektiven Sicherheit zu arbeiten."
Die Bundesregierung will nach den Worten von Außenminister Frank-Walter Steinmeier gemeinsam mit dem Entwicklungsprogramm der Vereinten Nationen UNDP einen Stabilisierungsfonds für Libyen auflegen, denn nach der Abriegelung der Balkanroute sowie dem EU-Türkei-Abkommen setzen die Flüchtlinge auch wieder verstärkt auf den Weg über das Mittelmeer. Etwa 200.000 warten darauf, von Libyen aus zu star-

ten. Um die prekäre Lage in den Griff zu bekommen, erhält Libyen nun eine Finanzhilfe von zehn Millionen Euro. Im Chaos des Bürgerkrieges ist Libyen zum Tummelplatz für kriminelle Schleuser und für die Terrorbanden des IS geworden, die auch Europa und Deutschland bedrohen.
Auf Dauer könne ihnen nur dann das Handwerk gelegt werden, wenn es wieder einen handlungsfähigen libyschen Staat gebe, sagte Steinmeier. Das Auswärtige Amt und das Entwicklungsministerium könnten 2016 und 2017 ein Viertel der für den Fonds vorgesehenen 40 Millionen Euro einzahlen, hieß es im Auswärtigen Amt

Europas Herkulesaufgabe innerhalb der Bündnisverpflichtung im Blick auf den Kampf gegen IS (Terror) und Beherrschung des Flüchtlingsstroms dürfe nicht in der Verweigerung der Solidarität der Mitgliedstaaten in der EU scheitern, zumal die USA mit Präsident Barack Obama am Ende seiner Amtszeit sich nur ‚halbherzig' einbringe. Der ‚globale Pax Americana', sei ganz offensichtlich im Niedergang begriffen. Die alte, von den USA garantierte Weltordnung bröckelt, das sei auch für die EU eine Gefahr angesichts der Zahl der Flüchtlinge und des neuen Nationalismus. Ein globaler Ordnungsverlust in Politik und Wirtschaft sei nicht von der Hand zu weisen. Eine kommunikativ, technisch und auch ganz konkret geografisch immer enger zusammenrückende globalisierte Welt mit ihren verschiedenen regionalen und globalen Machtzentren, entziehe sich einem solchen Ordnungsansatz.[71]

Der stellvertretende Hochkommissar des UN-Flüchtlingshilfswerks UNCR (‚United Nations High Commissioner for Refugees') Volker Türk mahnt, dass völkerrechtliche und EU-

---

[71] Vgl. Joschka Fischer, SZ: Gastbeitrag „Europas Suizid ist realistisch", 31. Januar 2016

Bestimmungen im Umgang mit den Flüchtlingen gewahrt bleiben müssten. So weist er im Blick auf eine mögliche Einigung zwischen der EU und der Türkei darauf hin, dass Flüchtlinge, die einen Asylanspruch geltend machen, auch Zugang zu einem Asylverfahren haben müssten.
Höchst problematisch erscheint auch das ‚Geschäft' zwischen der sich weiter vom Rechtsstaat entfernenden Türkei (staatliche Kontrolle der Medien, Unterstützung des Islamischen Staats und Krieg gegen ihre Kurden) und der sonst peinlich auf Meinungsfreiheit achtende EU.
Auch Menschenrechtsverletzungen in der Türkei scheinen die europäische ‚Realpolitik' nicht zu bremsen. Zum EU-Türkei-Gipfel mahnt Jürgen Trittin im Deutschlandfunk, es dürfe keinen Rabatt bei Menschenrechten geben.
Ebenso warnte der UN-Hochkommissar für Menschenrechte, in Genf, Zeid Raad al Hussein, es sei illegal, künftig alle neu ankommenden Flüchtlinge von Griechenland aus wieder in die Türkei abzuschieben. Danach sei es eine Verletzung internationalen und europäischen Rechts, wenn Flüchtlinge ohne Feststellung der individuellen Umstände kollektiv zurückgeschickt würden. Ähnliche Bedenken äußerten zuvor auch im Europaparlament in Straßburg Sozialisten, Grüne und Linke. Auch der luxemburgische Migrationminister Jean Asselborn meldete „Bedenken" an.
Das sogenannte ‚Relokationsprogramm' wonach 160.000 Flüchtlinge, die in Griechenland und Italien angekommen sind, auf die anderen Mitgliedsländer zu verteilen, scheitert an der Ablehnung etlicher EU-Mitgliedsländer, überhaupt Flüchtlinge aufzunehmen. Mangelnde Solidarität in der EU und kompromisslose nationale Alleingänge erschüttern das europäische Projekt existenziell.
Die Staats- und Regierungschefs der EU suchen derweil den Ausweg: "Nimmst Du meinen Syrer, nehme ich Dir dafür deinen ab." Soweit der Deal der Türkei mit der EU.

Im Mai 2016, zu Beginn der zögerlichen Umsetzung des Abkommens, stellten Europäische Regierungen fest, dass unter den Aufnahmekandidaten auffallend viele Härtefälle seien. In einer internen EU-Sitzung in Brüssel monierte der Vertreter Luxemburgs, dass die ersten Vorschläge aus der Türkei viele schwere medizinische Fälle enthalten und Flüchtlinge mit sehr niedriger Bildung. Nach übereinstimmenden Angaben aus Deutschland, den Niederlanden und Luxemburg zögen die türkischen Behörden in den vergangenen Wochen mehrfach bereits erteilte Ausreisegenehmigungen von Familien, deren Väter gut ausgebildete Ingenieure, Ärzte oder Facharbeiter seien, in letzter Minute wieder zurück. Das Flüchtlingshilfswerk UNHCR teilte offiziell mit, syrische Akademiker dürften auf Anordnung der türkischen Regierung nicht mehr über den 1:1-Mechanismus („Resettlement") ausreisen.
Scharf kritisiert wird der Austausch der Flüchtlinge: Ein Syrer darf legal in die EU einreisen, wenn ein anderer, 'irregulär' nach Griechenland Geflohener („Flüchtling 2. Klasse") in die Türkei zurückgeführt wird. Das sei ‚ein human-politisches Bartergeschäft'(Kompensations- oder Gegengeschäft), so sehe Menschenhandel 2016 aus, entrüstet sich Hans-Jürgen Jakobs vom Handelsblatt (16. März 2016)
Legale Migration wird abhängig gemacht von der illegalen Migration, Menschenhandel neuen Stils.
EU-Mitgliedstaaten kommen in Erklärungsnöte: Die Regierung, vor der Menschen begründet fliehen können, erhalten gleichzeitig andere Flüchtlinge zurück!
Unversöhnlich eskalierte der Streit in der Flüchtlingspolitik hinsichtlich der gegensätzlichern Vorgehensweise:
Donald Tusk bedankte sich für die gemeinsame Entscheidung der 28 Mitgliedstaaten, einen Teil der umfassenden EU- Strategie zur Bewältigung der Flüchtlingskrise (Schließen der Grenzen Westbalkans) umgesetzt zu haben, was ausdrücklich kein eigenmächtiges Vorgehen sei. Angela Merkel ereiferte

sich dagegen mit der Feststellung, dass sie über die einseitige Entscheidung nicht glücklich sei!!

Europa habe sich durch fehlende Solidarität, "nicht sehr klares Denken" und durch schlechte Umsetzung von "manchmal auch vernünftigen Plänen" vollkommen ins Abseits manövriert. Europa brauche Griechenland, um eine Lösung in der Flüchtlingskrise zu finden, so die Sicht von Gerald Knaus, Leiter der Denkfabrik Europäische Stabilitäts-Initiative (Gerald Knaus im Gespräch mit Martin Zagatta im DLF, 03/2016)

FDP Politiker Graf Lambsdorff[72] mahnt, man solle vielleicht mal in die europäischen Verträge im Blick auf Beitrittsverhandlungen schauen. Politische Kriterien von Kopenhagen müssten eingehalten werden: Rechtsstaatlichkeit, Pluralismus, Pressefreiheit, Meinungsfreiheit usw. Eine dramatische Wegentwicklung der Türkei von den politischen Grundwerten der Europäischen Union sei festzustellen.
Ein fundamental-islamisch ausgerichteter Staat mit Großmachtträume eines Autokraten Erdogan erfülle nicht die Mindestanforderungen einer Mitgliedschaft in der EU, eine Visa-Freiheit komme nicht einmal ansatzweise in Betracht, so eine überwältigende Mehrheit in Europa; hinzu komme weiterhin die Gefahr und Angst weiterer Anschläge von unkontrolliert einwandernden Islamisten und Terroristen
Voraussetzung für eine funktionierende Vereinbarung mit der Türkei sei, den bereits vereinbarten Mechanismus zur Umverteilung von 160.000 Flüchtlingen in Kraft zu setzen, betonte Schulz. Der EU-Parlamentspräsident warnte eindringlich vor einem Scheitern der Europäischen Union: „Wir brauchen eine

[72] Antwort auf Bundesinnenminister Thomas de Maizière Erklärung, Deutschland sei nicht Schiedsrichter („Deutschland mit dem erhobenen Zeigefinger..„) in Fragen der Moral

europäische Lösung, die bei den Fluchtursachen ansetzt. Und wenn uns die nicht gelingt, kann Europa auseinanderbrechen." Die EU erlebe bereits ein Auseinanderdriften. „Die Gräben, die sich auftun, können zum Scheitern der EU führen", sagte der SPD-Politiker.[73]
Entscheidend sei, dass die Vereinbarung im Einklang mit internationalem Recht stehe und von den 28 EU-Staaten und der Türkei akzeptiert werden könne, so EU-Gipfelchef Donald Tusk.
Die EU hat allerdings ihren Anspruch aufgegeben, von demokratischen Staaten umgeben zu sein, denn es fehlen u. a. politische Forderungen nach Mitbestimmung und Autonomie von Minderheiten (Kurdenpolitik, Krieg gegen die PKK, Opposition, Meinungsfreiheit usw.)

„Die EBD steht für Demokratie, für die Herrschaft des Rechts und den Respekt vor der Würde des Menschen und unterstützt jedes Bemühen, gewaltsamen Konflikten vorzubeugen und erforderlichenfalls alles nur Mögliche zur Beendigung von Gewalt zu tun. Soweit und sobald möglich, muss die Zusammenarbeit in und mit Osteuropa auf politischer, wirtschaftlicher und zivilgesellschaftlicher Ebene vorangetrieben werden."[74]
Martin Schulz, Präsident des Europaparlaments, warnt vor einer „Implosion der EU", denn das Vertrauen vieler Menschen in "Institutionen insgesamt, egal ob national oder europäisch", sei verloren gegangen wegen europafeindlicher Bewegungen in den Mitgliedsländern. Den einfachen Antworten von Europafeinden müssten die Regierenden ein klares Bekenntnis entgegensetzen, um „das Herz der Menschen zu er-

[73] Evangelischer Pressedienst, 16.03.2016
[74] **E**uropäische **B**ewegung **D**eutschland, Politische Forderungen 2015/16, Beschluss der EBD-Mitgliederversammlung, S.13

reichen“. Die Flüchtlingskrise erweist sich für die EU als „Generationenherausforderung“.
Der Staat darf nicht nur viel Geld zur Integration der hier Ankommenden bereitstellen, sondern ebenso Investitionen in den Krisen- und Kriegsländern tätigen, um Fluchtursachen wie Hunger, Not, Elend zu bekämpfen („Bildungsrevolution“, so Entwicklungsminister Gerd Müller.
Hunderte Millionen von Kindern und Jugendliche ohne Lebensperspektive gingen in eine ungewisse, düstere Zukunft – und viele von ihnen würden dann ihre einzige Chance bei uns in Europa suchen.

Ende März 2016 hatten mehrere Europa -Abgeordnete in einem Brief darauf hingewiesen, dass verschollene minderjährige Flüchtlinge womöglich Opfer von paneuropäischen Banden würden, die sie für Sexarbeit, Sklaverei oder Organhandel missbrauchten
Im Jahr 2015 sind in Deutschland laut Bundesregierung 5835 minderjährige Flüchtlinge verschwunden, darunter 555 Kinder (jünger als 14 Jahre). Die vermissten unbegleiteten minderjährigen Flüchtlinge, die verletzlichsten aller Schutzsuchenden, kommen überwiegend aus Afghanistan, Syrien, Algerien; Marokko, Eritrea.
Gefahren durch Zwangsprostitution und Ausbeutung schienen in der EU zunächst nicht ernsthaft in Betracht gezogen worden zu sein.

"Mare Nostrum" habe lediglich 100 Millionen Euro im Jahr gekostet, sei aber eingestellt worden, weil EU-Hilfe fehlte. Stattdessen gebe "die EU ohne Weiteres das Zehnfache dieser Summe für sinnlose Abschottungsprojekte aus. Dieses Geld wird buchstäblich im Meer versenkt."
Die EU hat seit 2009 fast 1,3 Milliarden Euro allein in die Forschung zur Grenzkontrolle und zur Abwehr von Migranten gesteckt: 21 Projekte, darunter "Perseus" ("Protection of European seas and borders through the intelligent use of Surveillance") oder "Doggies" ("Detection of Olfactory traces by orthoGonal Gas identification technologIES").

Tagesspiegel, 16.08.2015

11.3 Ökonomie

Der Vertrag zwischen Staaten, den man als Verfassung ausgebe, sei das einzig denkbare Europa. Diese ideen- und zukunftslose institutionalisierte Lobby, die sich der düstersten aller Religionen, der Religion des Geldes, blind verschrieben habe, sei ein Irrtum.[75]

Resultierende Ungleichgewichte hätten vermieden werden können, wenn im Lissabon-Vertrag die Sozialpolitik stärker beachtet worden wäre. So aber sind in den vergangenen Jahren europaweit sinkende Löhne, Zunahme prekärer Arbeitsverhältnisse und wachsende soziale Unsicherheit entstanden.

Die rechtmäßige Erbin des europäischen Geistes dürfe nicht auf den wirtschaftlichen Aspekt, auf die gegenwärtige Vorherrschaft des Ökonomischen reduziert werden.

Die Frage nach dem Kontext der globalen Herrschaft des ökonomischen Paradigmas stelle sich, so Giorgio Agamben.

Ein Erklärung findet er in der ‚Ermangelung historischer Aufgaben'. Das biologische Leben sei zum letzten politischen Auftrag des Abendlands erklärt worden, zur Besorgung des Lebens als eminente politische Aufgabe, ‚Biopolitik' (Foucault).

Zunehmende Ungleichheit in der Einkommens- und Vermögensverteilung und zunehmende Unterschiede zwischen den Entwicklungsniveaus der Mitgliedstaaten, verschärft durch die Flüchtlingskrise, sorgen für Zulauf europakritischer und nationalistischer Parteien in der EU. Dies führt zu wachsendem und berechtigtem gesellschaftlichen Unmut. Prekarität erfasst immer mehr Gruppen, auch in der Mitte der Gesellschaft. Grassierende soziale und wirtschaftliche Probleme im gesamten Euro-Raum zeigen eine gewisse politische Unfähigkeit, die

---

[75] Giorgio Agamben, "Europa muss kollabieren", im Interview mit Iris Radisch, in: Die Zeit Nr. 35/2015

wirtschaftliche Entwicklung zu organisieren, forciert durch einseitige Ausrichtung auf Austeritätsmaßnahmen und Währungsstabilität.

„Wenngleich die wirtschaftliche Erholung im Euro-Währungsgebiet im Gange ist, wird sie durch die Nachwirkungen der jüngsten Wirtschafts- und Finanzkrisen gedämpft, unter anderem durch den laufenden Abbau außenwirtschaftlicher Ungleichgewichte, die hohe öffentliche und private Verschuldung und den damit verbundenen Entschuldungsdruck, die fortbestehende strukturelle Rigidität der nationalen Arbeits- und Produktmärkte, die hohe Arbeitslosigkeit und das geringe Vertrauen sowie die anhaltende Investitionsschwäche. Die Umsetzung der in den länderspezifischen Empfehlungen aufgezeigten Reformen ging bisher nicht weit genug.“[76]

Die Fortführung dieser Entwicklung gefährdet nicht nur weiter das Ansehen der EU, sondern verschlechtert ihren sozialen Zusammenhalt langfristig.
Wirtschaftliche und vor allem die nationalstaatlichen Egoismen überwiegen derzeit und tragen zur Gefährdung des europäischen Projekts bei.
Mit dem sogenannten EU-„Instrument für Konvergenz und Wettbewerbsfähigkeit“, Akzentuierung der bisherigen Austeritätspolitik, muss zugunsten eines demokratischen, sozialen und ökologischen Europa der Vielen beendet werden.
Unerlässlich scheint eine Demokratisierung der Entscheidungsfindung zur Konzipierung und Umsetzung von EU-Initiativen zu sein, um das Vertrauen der Bürger Europas zurückzugewinnen, im Blick auf eine sich abzeichnende Ein-

76

EUROPÄISCHE KOMMISSION, EMPFEHLUNG DES RATES zur Umsetzung der Grundzüge der Wirtschaftspolitik der Mitgliedstaaten, deren Währung der Euro ist, Brüssel, den 13.5.2015

wanderungsgesellschaft mit Integrationsanstrengungen und deren Widerstände bzw. grundsätzlichen Ablehnungen. Mehr Demokratie und keine Entdemokratisierung in der Krise, so die Forderung vieler Europäer: Beteiligung der Bevölkerung durch Referenden, wie beispielsweise in Island, Abstimmung der Krisenkosten der Icesave-Bank, Bewegung „¡Democracia real YA!“(Echte Demokratie jetzt) usw. „Wir brauchen ein anderes Europa, ein Europa, das sozial ist, sonst wird uns diese EU um die Ohren fliegen.“[77]

In der EU bewegt sich beispielsweise die öffentliche Debatte um TTIP zwischen den Polen vollständiger Ablehnung oder euphorischer Zustimmung.

Die Gegner[78] befürchten ein Absenken europäischer Umwelt-, Verbraucher- und Sozialstandards, ganz im Sinn ultraliberaler Wirtschaftslenker.

Eine Akzeptanz für das Handelsabkommen setzt Transparenz und Zugänglichkeit der Dokumente für Bürger, Politiker und Organisationen der Privatwirtschaft sowie medienwirksame Begründung voraus. Das verlangt eine funktionierende Demokratie.

Im Zuge wirtschaftlicher Globalisierung werden internationale Wanderungs- und Flüchtlingsbewegungen in den wirtschaftlich entwickelten und auch in den weniger entwickelten Weltregionen weiter anwachsen. Die Integration der Märkte wird die Migration angesichts von Armut, Unterentwicklung und Konflikten, ethnisch-religiöser Konflikte mit ethnischen Ver-

---

[77] Andrej Hunko, Bundestagsrede, 29. September 2011, Persönliche Erklärung zur Erweiterung des "Euro-Rettungsschirms" (EFSF)

[78] Vgl. Martin Malirsch, „Hegemoniale Welt(um)ordnung“, Globalisierungsinduzierte Erosionen, 2014, S. 11f

treibungen und Bürgerkriegen- auch künftig eher ansteigen lassen.
Fortschreitende Verschlechterung der Umweltbedingungen, verursacht durch den erwiesenen Klimawandel, lassen Massenfluchtbewegungen in nicht allzu ferner Zukunft befürchten.
Diesen globalen Herausforderungen im Alleingang zu bewältigen, werden Staaten nicht mehr in der Lage sein. Eine nationale Migrationspolitik wird im Spannungsfeld zwischen wirtschaftlich als notwendig erachteter Öffnung für Zuwanderer und den geforderten Begrenzung der Wanderungsbewegungen eine gemeinsame Lösung anstreben müssen.
Die Kooperation mit internationalen Organisationen wie beispielsweise mit der UN-Hochkommissar für Flüchtlinge (UNHCR) und die International Organisation for Migration (IOM) wird ebenso notwendig wie intensive Zusammenarbeit und gemeinsame Regelung der Innen- und Justizpolitik der EU.
Die bundesdeutsche Sozialstruktur werde sich verändern, Armut und soziale Ungleichheit dürften spürbar zunehmen, so Christoph Butterwegge, Kölner Politologe. Armutsbekämpfung müsse gleichermaßen Einheimische wie Zuwanderer erreichen im Blick auf Bildung, Gesundheit, Freizeitgestaltung und Kultur.
Statt Armutsbekämpfung wird aber weiterhin Reichtum gefördert, damit besteht die Gefahr, den gesellschaftlichen Zusammenhalt und die Demokratie zu gefährden.
Die Polarisierungen spiegeln sich in den gesellschaftlichen Debatten wider. Populistische Bewegungen und Parteien in ganz Europa: linke Populisten und Rechtspopulisten verheißen eine perfekte, gerechte, und konfliktfreie Gesellschaft.
Ideologiefreie, offene und ehrliche Auseinandersetzung mit den komplexen Krisen und ihrer Bewältigung verlangen aber solidarischen Einsatz aller europäischen politischen Kräfte. Europa muss mit der Türkei eine gemeinsame Lösung finden, ein erster und wichtiger Schritt: Schmugglern das Handwerk

legen, das Durchwinken beenden und die illegale Migration unterbinden.
Das Vertrauen der Bürger in die EU sank durch die EU/IWF-Rettungspakete erzwungenen Lohn- und Rentenkürzungen, Steuererhöhungen und Entlassungen (in den hochverschuldeten Euroländern) auf einen historischen Tiefpunkt.
Im Gegensatz von „mehr oder weniger Europa" wird vehement gestritten, inwieweit weitere Zuständigkeiten an die EU und ihre Organe abgegeben werden oder aber nicht nur bei den Staaten verbleiben sondern sogar an sie zurückverlagert werden sollten.
Vereinfacht heißt das:
‚Linke' wollen die Währungsunion durch wohlfahrtsstaatliche Komponenten ergänzt wissen, ‚Rechte' verteidigen das Modell der fiskalpolitischen Disziplin und ökonomischen Anpassung.
Euroskeptische Stimmen, die die nationale Souveränität gestärkt sehen wollen, sind an beiden politischen ‚Rändern' feststellbar. Rechte mobilisieren überwiegend gegen Identitätsverlust, Migration und finanzielle Transfers ins Ausland, Linke argumentieren gegen die Vorherrschaft des Marktes, den fiskalischen und wirtschaftlichen Anpassungsdruck der Währungsunion und die damit verbundenen sozialstaatlichen Einbußen.
Berücksichtigen muss man in diesem Zusammenhang allerdings die ökonomische Situation, denn wirtschaftsstarke und weniger verschuldete Euroländer verfechten eher eine Stabilitätsunion und wirtschaftlich schwächere setzen stärker auf Transferaspekte
Aus Furcht vor populistischer Stimmungsmache darf man aber keineswegs die Folgekosten der Asylpolitik leugnen oder herunterspielen, warnen - allerdings erst wenige - Politiker.
Ungleichgewichte in den Euroländern auszugleichen, müssten Wirtschafts-, Fiskal- und Sozialpolitik der Euroländer koordiniert werden. Dies kann nur durch eine weitreichende Reform erreicht werden, denn die unterschiedlichen Wirtschaftsmodel-

le wie in der Eurozone führten ohne einen Finanzausgleich regelmäßig zu Asymmetrien und Krisen.[79]
Die Beibehaltung der vier Freiheiten, die Kernerrungenschaften der europäischen Integration: Freier Warenverkehr, die Dienstleistungsfreiheit, der Freie Kapital- und Zahlungsverkehr und insbesondere die Personenfreizügigkeit scheinen zunehmend in Frage gestellt zu werden. Eine Einschränkung dieser durch Politik der Nationalstaaten müsste auf europäische Ebene begegnet werden, so beispielsweise Unterbietungswettbewerbe bei Löhnen usw.
So deckte beispielsweise die "Luxleaks"-Affäre jahrelange profitable Absprachen von Konzernen in Luxemburg mit Finanzbehörden auf, Milliarden-Steuern wurden gespart. Ein Skandal für den langjährigen Regierungschef und Finanzminister des Großherzogtums Luxemburg Jean-Claude Juncker- aber folgenlos hinsichtlich der zweifelhaften Steuerdeals.
Die Enttäuschung bei der Grünen- Politikerin Rebecca Harms und anderen war besonders groß, weil man an einen Neubeginn für eine gerechtere europäische solidarische Politik hoffte. Obwohl die EU-Finanzminister inzwischen konkrete Maßnahmen gegen Steuervermeidung vereinbarten, die ab 2017 in Kraft treten sollten, habe sich in der Praxis am Steuer-Dumping nichts geändert. Steuervorabsprachen seien weiter möglich, und es gebe auch in absehbarer Zeit keine gemeinsame Steuerpolitik.
Sogenannte Offshore-Firmen, also Briefkastenfirmen in einem Übersee-Steuerparadies, wickeln heimlich, oft schamlos und unsozial Geschäfte ab, um lästiges Bezahlen von Steuern so weit wie möglich zu umgehen (sog. „PanamaPapers“ als jüngstes Beispiel)

---

[79] Vgl. Frank Schimmelfennig, „Mehr Europa – oder weniger? „Die Eurokrise und die europäische Integration“, 18.12.2014, Quelle: http://www.bpb.de

Auf der einen Seite fehlen diese Gelder aus Steueraufkommen, um Aufgaben für die Allgemeinheit zu finanzieren: den Bau von Schulen, Schienen oder Wohnungen, Aufwendungen für Flüchtlingsversorgung und -integration usw. Auf der anderen Seite nutzen offenbar Terrorgruppen dieses System dazu, sich zu finanzieren. Einem verbrecherischen Regime wie dem syrischen gelingt es mutmaßlich, auf diese Weise die Sanktionen der internationalen Staatengemeinschaft zu umgehen und den Fassbombenkrieg gegen das eigene Volk fortzuführen; der IS ermöglicht es, Kapital zu sichern durch Erpressung und illegalen Ölhandel.

Insbesondere die vernachlässigte soziokulturelle Dimension zeigt sich unter anderem an den hohen Arbeitslosenzahlen unter der jungen Bevölkerung nicht nur in Portugal und Spanien, Griechenland sondern auch in Frankreich.

Europas junge Generation geht im Kampf um Ressourcen zunehmend leer aus. Mit zunehmender Bevölkerungsalterung in Europa stellt sich die demografische Pyramide mit hoher Geschwindigkeit auf den Kopf - und statt eines Kriegs zwischen den Klassen zeichnet sich ein Krieg der Generationen* ab. Noch verhindert die Arbeitsmobilität eine Revolte der Jungen gegen die Selbstsucht und Selbstzufriedenheit der Alten: „Wenn die Chancen im Ausland irgendwann genauso schlecht sind wie zu Hause, stelle sich die Frage, was passiert dann“. [80]

„Euro-Exit" Lösungen, temporäre oder langfristige Aufhebungen des Schengener Abkommens oder Wiedereinführung von Zollbarrieren zum Schutz nationaler Industrien propagieren populistisch die Homogenität von Nationalstaaten.

Euroskepsis als Ergebnis nostalgischer Rückwärtsbetrachtung vergisst aber die weitgehenden Errungenschaften der europäischen Integration wie Frieden, Demokratie, Stabilität und Si-

---

[80] Harold James, US-Geschichtsprofessor, im: JORNAL DE NEGÓCIOS (PT), 28. April 2016,

* Vgl. Fußnote 117, S.156

cherheit. Rückschläge durch Krisen werden im Diskurs sowohl für ein „Mehr Europa“ als auch „Weniger Europa“ geworben.

Im Namen der europäischen Solidarität wurden bisher regelmäßig viele Dissonanzen und Fehlentwicklungen in der EU mit weitgehender Akzeptanz mittels erheblicher Geldzuwendungen zur ‚Scheinlösung’ verholfen, im besonderen Maße auch im Blick auf die Entwicklungshilfe.
Die EU-Kommission will künftig mit milliardenschweren Investitionen Länder in Afrika und im Nahen Osten dazu bewegen, Flüchtlingsströme in Richtung Europa zu stoppen, um „Ordnung in die Migrationsströme zu bringen“. "Wir schlagen eine Mischung positiver und negativer Anreize vor, um Jene zu belohnen, die mit uns effizient zusammenarbeiten und um sicherzustellen, dass es Konsequenzen für Jene gibt, die das nicht tun", sagte der Vizepräsident der Kommission, Frans Timmermans, vor dem Europaparlament in Straßburg (7. Juni 2016) Es gehe um neue Infrastrukturen, soziale Verbesserungen, die Schaffung von Arbeitsplätzen und wirtschaftliches Wachstum.

„Wir werden auch Wohlstand abgeben müssen, müssen aber auch Europa beschützen vor neuen Zuwanderungswellen, vor denen auch die Europäer Angst haben", so Manfred Weber, Vorsitzende der christdemokratischen Fraktion der Europäischen Volkspartei (EVP) im Blick auf die beabsichtigten „Migrationspartnerschaften“ der EU-Kommission. Ein „Outsourcing unserer Grenzüberwachung" sei moralischer Bankrott, so Philippe Lamberts, Vorsitzende der Grünen-Fraktion (Belgien).

„Jede Staatlichkeit verlangt Grenzen, denn dort endet die Wirksamkeit ihrer Gesetze. Das ist auch im europäischen Rahmen so. Wo die Staaten nicht zuständig sind, gibt es abgestimmte Gesetze auf europäischer Ebene, aber an der EU-Außengrenze ist auch damit Schluss

Nida-Rümelin

11.4 Außen- und Sicherheitspolitik

Der Artikel 21 des Vertrags über die Europäische Union (Lissabon-Vertrag) zählt die Werte auf, denen sich die EU verpflichtet fühlt:
Die Union lässt sich in ihrem Handeln auf internationaler Ebene von den Grundsätzen leiten, die für ihre eigene Entstehung, Entwicklung und Erweiterung maßgebend waren und denen sie auch weltweit zu stärkerer Geltung verhelfen will: Demokratie, Rechtsstaatlichkeit, die universelle Gültigkeit und Unteilbarkeit der Menschenrechte und Grundfreiheiten, die Achtung der Menschenwürde, der Grundsatz der Gleichheit und der Grundsatz der Solidarität sowie die Achtung der Grundsätze der Charta der Vereinten Nationen und des Völkerrechts.
Um den Katastrophen und Konflikten jenseits der Grenzen nicht weitgehend einfluss- und machtlos gegenüberzustehen, braucht die EU eine Intensivierung der Außen- und Sicherheitspolitik. Die Krisenregionen müssen stabilisiert indem Fluchtursachen bekämpft werden. Die EU – ihre Mitgliedstaaten und Institutionen – können nur dann nachhaltig zur Problemlösung beitragen, wenn sie nationalen Alleingängen eine Absage erteilen.
Die Förderung guter und effektiver Regierungsführung (»good governance«) ist ein Hauptanliegen der EU in Afrika, da dies eine Voraussetzung für wirtschaftliche Entwicklung und Frieden ist. Die EU nutzt entwicklungspolitische Instrumente wie einseitige Handelspräferenzen, finanzielle und technische Hilfen sowie ihre sicherheits- und verteidigungspolitischen Instrumente. Im Rahmen ihrer Afrikapolitik arbeitet die EU auch eng mit der 2002 gegründeten Afrikanischen Union (AU) zusammen, so z. B. regelmäßige Arbeitstreffen und Zusammenarbeit mit der 2007 eingerichteten Ständigen Vertretung der EU bei der AU.

Wesentliches Ziel ist insbesondere die Unterstützung der afrikanischen Cotonou-Staaten, die am wenigsten entwickelten Länder der Welt: Frieden und Sicherheit herzustellen und die Millenniumsentwicklungsziele[81] der UN zu erreichen (u. a. Beseitigung extremer Armut und Hunger, Senkung der Kindersterblichkeit, Aidsbekämpfung, Grundschulausbildung) sind explizit erklärte Maßnahmen (Seit 2003 wurden acht zivile und militärische EU-Missionen nach Subsahara-Afrika Guinea-Bissau, Tschad, Sudan, Kongo entsandt)
Allerdings werden erhebliche Bedenken laut, hinsichtlich der angestrebten Hilfen und der Verknüpfung mit den zu erwartenden Flüchtlingsströmen.
Die EU plant in der Flüchtlingspolitik offenkundig eine weitgehende Kooperation mit ostafrikanischen Despoten. Die Pläne sollten „unter keinen Umständen an die Öffentlichkeit gelangen", so Monitor (ARD-Magazin Monitor April 2016) So würde die Europäische Kommission und der Auswärtige Dienst der EU konkrete Kooperationen mit den Machthabern in Eritrea, Sudan, Äthiopien und Somalia vorschlagen.
Sudans Präsident Omar Al-Baschir werde vom Internationalen Strafgerichtshof wegen Völkermords und Verbrechen gegen die Menschlichkeit per internationalem Haftbefehl gesucht, darauf weist die EU-Direktorin von Human Rights Watch, Lotte Leicht, hin. Sie kritisiert, dass es unglaublich zynisch sei, wenn die Europäische Union, die auf Werte der Menschenrechte basiert, nur mit dem Ziel, Menschen davon abzuhalten nach Europa zu kommen, mit menschenverachtenden Regierungen zusammenarbeitet.

Europas Außenpolitik unter Catherine Ashton erscheine führungs- und ideenlos, obwohl die Union viele Instrumente und

---

[81] Vgl. Malirsch, Martin, „Hegemoniale Welt(um)ordnung“, Globalisierungsinduzierte Erosionen, Rediroma 2014, S. 94f

Kompetenzen in der Außenpolitik habe. Zwar mangele es häufig am politischen Willen der Mitgliedstaaten, aber der Lissabonner Vertrag sehe eine viel stärkere Rolle für Ashton als Ideen- und Impulsgeberin vor, die Europas Außenpolitik proaktiv voranzutreiben habe.[82] „Nur wenn wir in Europa zu einer einheitlichen Haltung kommen, haben wir gegenüber 1,3 Milliarden Chinesen oder 300 Millionen Amerikanern eine Stimme, die gehört wird. Ob im internationalen Handel oder beim Klimaschutz oder in Fragen von Krieg und Frieden außerhalb Europas: Die Einheit Europas verleiht uns Kraft. Ohne Europa hat Deutschland keine gute Zukunft."[83]

Für die europäische Außenpolitik stellt sich die Frage nach einer deutlicheren Priorität der Erweiterungs- und Nachbarschaftspolitik auf der eine Seite und einer nationalen Rückbesinnung auf der anderen Seite. Diese weniger europaaffine Ansicht plädiert für Wiederherstellung gesellschaftlicher Homogenität für das jeweilige Mitgliedsland, im Glauben einer fiktiven Sicherheit für die Zukunft, im Wesentlichen auf kulturellen und ökonomischen Vorteilen beruhend.

Europas Rahmenbedingungen befinden sich gleichermaßen im Wandel wie die globalisierte Welt, schon deswegen kann ein Einbezug von früherem Status in die heutige Zeit nur scheitern.

In einer globalen Welt gegenseitiger Abhängigkeit findet kaum noch ein militärischer, geopolitischer Machtkampf zwischen Nationalstaaten statt, sondern werden wirtschaftliche Sanktionen im Handel, internationale Institutionen, Verkehrsverbindungen, das Internet und auch Migrationsströme aus politischen Gründen instrumentalisiert. Die Türkei mit Präsi-

---

[82] Franziska Brantner, deutsche Abgeordnete im Europäischen Parlament, Pressemitteilung vom 11. Mai 2011

[83] Angela Merkel in einem Interview mit dem Tagesspiegel, 11. September 2011

dent Erdoğan benutzt die Flüchtlingskrise beispielsweise, um das Machtverhältnis mit der EU zu beeinflussen.
Derartige politische ‚Druckmittel' funktionieren im besonderen Maße gegenüber liberale Demokratien mit ihren Ansprüchen des Schutzes der Menschenrechte.

Staaten, die gezielt die Sicht der „flachen" Welt ausblendeten, würden von der starken Globalisierungswelle überrannt, so Friedman[84]. Er argumentiert, traditionelle Nationalstaaten müssten lernen, wie sie vernetzt mit neuen Gemeinschaften, Unternehmen und Bewegungen neue Paradigmen schafften. Es seien zunehmend Netzwerke, die eine bestimmende Rolle in dieser flachen Welt spielten, entgegengesetzt zu den traditionellen Handlungsmodellen und Hierarchien. Globale Wertschöpfungsketten und Insourcing, RFID und Workflow:
Die globale Vernetzung[85] ist inzwischen so weit fortgeschritten, dass nicht mehr nur Menschen mit Menschen bzw. Menschen mit Maschinen kommunizieren, sondern auch Maschinen untereinander. Workflow-Software ermöglicht die Einrichtung virtueller Büros, entweder in Form von Home Offices oder auf verschiedenen Kontinenten.
Die Europäische Union muss sich zur Gestaltung der Weltpolitik im eigenen Interesse international gezielt einbringen, sie kann sich aus der internationalen Politik als Partner der USA nicht herauszuhalten. Die Europäische Union hat mittlerweile schon zahlreiche militärische oder zivil-militärische Missionen auf sich genommen, die Einsatzkräfte für jede dieser Missionen müssen jeweils durch Vereinbarungen der EU-Staaten

---

[84] Vgl. Thomas L. Friedman, „Die Welt ist flach", Eine kurze Geschichte des 21. Jahrhunderts, suhrkamp taschenbuch, 2008

[85] Vgl. Martin Malirsch, Digitale Netzwerkgesellschaft, Realutopische Szenarien zur Zukunftsfähigkeit, Rediroma-Verlag, 2015

zusammengestellt werden. Die Landesverteidigung bleibt aber weiter die Aufgabe der NATO[86].

Für die Weiterentwicklung des Weltwirtschaftssystems, die Erhaltung bzw. Schaffung des Friedens und für den Schutz der Umwelt vor globaler Zerstörung muss die EU nach innerer Abstimmung auch ihre außenpolitischen und militärpolitischen Bemühungen koordinieren, um eine gemeinsame Position zu entwickeln.

Die Europäische Union sieht sich vor vielen und mächtigen Herausforderungen, die kein Mitgliedstaat allein zu bewältigen imstande ist.

Die Mitgliedstaaten und ihre Bürger müssen glaubhaft hinter der gemeinsamen EU-Politik stehen, der europäischen Integration als Projekt volle Unterstützung gewähren und sich an den europäischen Entscheidungsprozessen beteiligen, um erfolgreich zu sein.

Im Wesen der europäischen Integrationsidee liegt die gesamteuropäische Erweiterung. So entspricht die Öffnung der EU gegenüber den mittel- und osteuropäischen Staaten dem ursprünglichen, größeren europäischen Projekt mit bedeutsamen politischen und ökonomischen Effekten.

Generell hat jeder Staat, der die politischen und wirtschaftlichen Bedingungen der EU erfüllt, einen Anspruch auf Mitgliedschaft, wenn die Selbsterhaltung der Union nicht gefährdet erscheint. Die Integrationsfähigkeit und damit die Hand-

---

[86] So stabilisiert sie mit militärischen Mitteln die Lage in Bosnien-Herzegowina, in Zentralafrika, in Mali und in Zentralafrika, unterstützt mit zivilen Missionen unter anderem die Entwicklung im Kosovo, in den Palästinensischen Gebieten, in Georgien und in Afghanistan. Vor dem Horn von Afrika beteiligt sich die EU an der Abwehr von Piraten. Die Einsatzkräfte für jede dieser Missionen müssen jeweils durch Vereinbarungen der EU-Staaten zusammengestellt werden, was nicht immer einfach ist

lungsfähigkeit der EU sind aber nicht unbegrenzt, sonst wird die gesamteuropäische Stabilität überfordert.
Der Diskurs über die geographischen Grenzen der EU problematisiert u. a. die Erweiterung der Union im Osten (Ukraine) und eine wirksame Nachbarschaftspolitik.
Besonders brisant erscheint eine angestrebte Mitgliedschaft der Türkei mit der EU.
Ein erhebliches Risiko wird in einer geringen wirtschaftlichen und geostrategischen Gemeinsamkeit gesehen, in einer kaum sozial-politischen Übereinstimmung. Ernste Befürchtungen zielen auf die Außengrenzen des „geopolitischen Projekts“. Syrien, Iran und Irak als Nachbarn der Türkei wären damit auch unmittelbare Nachbarn der EU.

Die EU werde dann geographisch und kulturell und politisch immer weniger sein als das ganze Europa. Oder sie werde weder europäisch noch eine Union sein, so Klaus Hänsch, ehemalige Präsident des Europäischen Parlaments (1994 bis 1997)
Auch unter Voraussetzung einer militärischen Macht der Union würde eine weitere Erweiterung den erreichten Integrationsgrad in Europa sprengen.
Nur dann kann die EU zukünftig erfolgreich sein, wenn zumindest die jetzigen Mitgliedsstaaten gemeinsam den politischen Willen aufbringen, die derzeitigen wirtschafts-, außen- und sicherheitspolitischen Herausforderungen Europas solidarisch meistern zu wollen.

Mit Blick auf Bedrohungsszenarien stellt ‚TREVI‘ [87] den umfassenden Schutz der Menschen zur inneren Sicherheit in einer

[87] ‚TREVI‘
(frz.: **T**errorisme, **R**adicalisme, **E**xtrémisme, **V**iolence **I**nternationale; dt.: Terrorismus, Radikalismus, Extremismus und internationale Gewalt) seit 1975 Zusammenarbeit der EG-Mitgliedstaaten bei der Terrorismusbekämpfung. Seit Maastricht (1992) der Errichtung einer gemeinsamen Innen- und Justizpolitik im Rahmen der EU

globalen Gesellschaft in den Mittelpunkt des Handelns der EU. Den Herausforderungen soll die EU zur höchstmöglichen Sicherheit für die Menschen in Europa mit stets anzupassenden Lageanalysen und Zukunftsszenarien zur Antizipation von Bedrohungen und Risiken begegnen.
Als Maßnahmen der EU-Strategie zur inneren Sicherheit werden fünf strategischen Ziele mit einschlägigen Maßnahmen benannt: 1. Schwächung internationaler krimineller Netzwerke, die unsere Gesellschaft bedrohen, 2. Maßnahmen gegen Terrorismus, Radikalisierung und Rekrutierung von Terroristen, 3. besserer Schutz der Bürger und Unternehmen im Cyberspace, 4. Erhöhung der Sicherheit an den Außengrenzen, 5. Verbesserung der Widerstandsfähigkeit Europas gegenüber Krisen und Katastrophen.
Die Vertiefung der gemeinsamen Außen- und Sicherheitspolitik (GASP) erscheint als notwendige Voraussetzung für eine glaubhafte Krisenprävention und effektive Krisenbewältigung mit dem Ziel einer europäischen Verteidigungsunion- einer parlamentarisch kontrollierten europäischen Armee.

Befürchtungen, die Europäische Staatsanwaltschaft könne über die nationalen Staatsanwaltschaften hinweg entscheiden, sorgten allerdings bei einigen Mitgliedstaaten für Interessenskonflikt, die Mitgliedstaaten sind nur zögerlich gewillt, im Bereich der Justiz- und Innenpolitik Kompetenzen an die Union abzugeben.[88]

---

[88] Seit dem Inkrafttreten des Vertrags von Lissabon am 1. Dezember 2009 verfügt die Europäische Union mit Artikel 8 der Charta der Grundrechte zudem über ein eigenständiges, europaweites Datenschutzgrundrecht, auch mit einer Reihe von Drittstaaten wie v. a. den USA und den Maghreb-Staaten.

Das Grundproblem der Europäischen Union besteht darin, dass die meisten Mitgliedstaaten niemals bereit waren, auf wesentliche Souveränitätsrechte zu verzichten.
Die Politik der inneren Sicherheit wird von jeher als ein Kernstück der staatlichen Souveränität betrachtet. Nach den Terroranschläge von Madrid und London (2004/05) wurde die Zusammenarbeit im Blick auf Ausweitung exekutiver Befugnisse und der Ausbau und die Vernetzung von Datenbanken weiterentwickelt, erforderliche Datenschutzstandards und legislative Kontrollen zeigen aber auch derzeit noch erhebliche Defizite, Paris und Brüssel 2015/16 zeugen davon. Trotz unterschiedlicher nationaler Gegebenheiten sind den Anschlägen aber gemeinsam, dass die Terroristen, auch Flüchtlinge, europäisch registriert und grenzüberschreitend handelten
Es gebe institutionelle Abschottungstendenzen, die vor allem durch die ängstliche Wahrung der eigenen Datentöpfe motiviert sei, so Peter Schaar (2003 bis 2013 Bundesbeauftragter für den Datenschutz und die Informationsfreiheit (BfDI)
Eine Institution wie das GTAZ[89], ein Terrorismusabwehrzentrum mit Polizeibehörden und Nachrichtendiensten, gibt es in der EU nicht. Auf europäischer Ebene bleibt das eine Utopie.

---

[89] Das Ende 2004 in Berlin eingerichtete Gemeinsame Terrorismusabwehrzentrum. GTAZ ist keine eigenständige Behörde, sondern eine gemeinsame Kooperations- und Kommunikationsplattform von 40 nationalen Behörden aus dem Bereich der Inneren Sicherheit. Für die Einrichtung war kein neues Gesetz erforderlich, denn keine Behörde erhielt zusätzliche Kompetenzen oder gab Souveränität ab. Vielmehr trifft jede der beteiligten Behörden ihre Maßnahmen in eigener Zuständigkeit und im Rahmen der für sie geltenden Gesetze. Aufgrund der Organisationsstruktur gibt es auch keinen „GTAZ-Leiter“, sondern Vertreter von Einrichtungen kooperieren „auf Augenhöhe“. Bundesamt für Verfassungsschutz, Bundeskriminalamt, Bundesnachrichtendienst, Generalbundesanwalt, Bundespolizei, Zollkriminalamt, Bundesamt für Migration und Flüchtlinge, Militärischer Abschirmdienst, Landesämter für Verfassungsschutz und Landeskriminalämter

In diesem Kontext wird wieder unüberhörbar die Frage laut: Wie verhalten sich angesichts terroristischer Bedrohungen Freiheit und Sicherheit zueinander?
"Datenschutz sei ein Grundrecht. Es bewege sich immer im rechtlichen und gesellschaftlichen Rahmen", sagte Maja Smoltzyk, neue Berliner Datenschutzbeauftragte (01/2016) Die rechtlichen Rahmenbedingungen müssten auch bei einem engeren Datenaustausch der europäischen Nachrichtendienste erfüllt bleiben. Terroristen wollten mit den Anschlägen die westlichen Werte und somit auch die Freiheitswerte angreifen. Gerade deshalb dürften diese nun nicht in den Hintergrund gedrängt werden. Bei allem Entsetzen dürfe es nicht sein, dass man jetzt „wild Daten erhebe".
Ein gemeinsames Terrorabwehrzentrum (Sicherheitsbehörden und Datenschützer aller 28 Länder) in Europa nach deutschem Vorbild zu schaffen, stößt bei den EU-Mitgliedstaaten auf Zurückhaltung und Skepsis im Blick auf ‚deutsche Dominanz' und Uneinigkeiten in der Flüchtlingsfrage.
Die Zielrichtung und das Gleichgewicht müssten stimmen. Nach solchen Ereignissen (Paris, Brüssel) veränderten sich die Parameter und müssten auch verändert werden.
Immer mehr deutsche Politiker fordern deshalb die Aufhebung der Unterscheidung zwischen äußerer und innerer Sicherheit angesichts der Dimension der Bedrohung durch Islamistische Terroristen und verweisen auf Frankreich und Belgien, wo die Bewachung ziviler Objekte durch Soldaten bereits zum Straßenbild gehöre. Zur Unterstützung der Polizei müsse die Bundeswehr eingesetzt werden, derzeit kämen deutsche Streitkräfte im Inneren nur bei Notlagen wie Naturkatastrophen oder der Versorgung der Flüchtlingsmassen zum Einsatz.

Viele Bürger befürchten allerdings einen permanenten Belagerungszustand durch den ‚militarisierten' Alltag, verunsichert und bedrückt von Bildern und Szenen in den Medien.

Manfred Weber, Fraktionsvorsitzender der konservativen Europäischen Volkspartei, sprach sich für eine Neuorganisation der europäischen Sicherheitsarchitektur aus und forderte, dass es Schluss sein müsse mit den nationalen Egoismen, mit Wegducken und Schuldzuweisungen. Er fordert die Einrichtung einer europäischen Terrorwarndatei mit einer Liste von Menschen, die unter Terrorverdacht stünden, zusätzlich Fluggastdaten-Karteien mit einem eigenen europäischen Auswertungssystem. Die europäische Polizeibehörde Europol, so Webers Forderung, müsste nicht nur die Daten auswerten dürfen, die man freiwillig bereitstellte, sondern auf Anforderung automatisch einen rechtsverbindlichen Zugriff haben.
Die Aufstellung einer europäischen Grenzschutztruppe im Geist eines ganzheitlichen europäischen Sicherheitskonzepts fordert Erich Vad, Brigadegeneral a. D., in der außen- und sicherheitspolitischen Abteilung des Kanzleramts bis 2013 tätig. Eine zivilmilitärische Grenzschutztruppe für die EU-Außengrenzen zur Unterstützung betroffener Länder sei dringlich. In der Sicherheits- und Außenpolitik haben die Europäer eine ausgeprägte Neigung zu Pazifismus und Appeasement, die von autokratischen Regimen und Terroristen mit hybriden Formen der Gewalt genutzt werden, weil Europa „Widerstandsunfähigkeit" signalisiere.

Alle rechtsstaatlichen Möglichkeiten zur Gefahrenabwehr und Strafverfolgung müssen im digitalen Zeitalter genutzt werden, ohne Einschränkungen der Verfahrensrechte. Die freiheitliche Wertegemeinschaft in Europa muss ihren Werten treu bleiben.

Zur Zukunft der Europäischen Union vor dem Hintergrund politischer Debatten plädiert eine Mehrzahl von Protagonisten

für eine Erweiterung der Kompetenzen der EU, aber auch viele gleichermaßen für einen Rückbau.
Im Wesentlichen werden Forderungen laut nach einer Vertiefung bzw. Rücknahme der Wirtschafts- und Fiskalpolitik sowie der Außen- und Sicherheitspolitik und schließlich möglichen Reformansätzen zur Ausgestaltung der politischen Institutionen der Union im Blick auf noch wirkende und aktuell hinzu gekommene und noch zu erwartende, absehbare Krisen.
Für die internationale Krisenbewältigung ist die Bündelung vielfältiger Instrumente der EU unabdingbar. Mit dem Vertrag von Lissabon und dem neu eingerichteten Europäischen Auswärtigen Dienst bieten sich Chancen, den Auf- und Ausbau der europäischen Fähigkeiten und Kapazitäten zur Konfliktverhütung und Krisenbewältigung als Gesamtaufgabe der Union kohärent umzusetzen.

Die gewaltigen, massiv auftretenden Flüchtlingsströme werden nur bedingt der wirtschaftlichen Prosperität Europas zugute komme, sondern eher die sozialen Sicherungssysteme der europäischen Staaten überfordern und damit die soziale Ordnung in Frage stellen. Aufgrund der Wertbindungen ist die EU außerstande diese Flüchtlingsströme an den Grenzen zu stoppen und zurückzuweisen.
Der Zivilisationsforscher Gunnar Heinsohn[90] weist auf die exorbitante Zunahme junger Männer aus Afrika und den arabischen Ländern mit kriegerischen Konflikten aufgrund ethnischer und religiöser Spannungen hin. Heinsohn warnt vor einer neuen Dimension von Krieg und Gewalt im 21. Jahrhundert, ausgelöst durch die riesigen Gruppen von Jugendlichen, die in zahlreichen – vor allem islamischen – Entwicklungsländern vor der Adoleszenz stehen. Eine These in der internatio-

[90] Gunnar Heinsohn, Söhne und Weltmacht. Terror im Aufstieg und Fall der Nationen, Piper Taschenbuch Bd.5124, 2008

nalen wissenschaftlichen Diskussion[91] besagt, dass die sogenannten „Youth bulges“ – hohe Anteile Jugendlicher an einer Bevölkerung – Schlüsselfaktoren für den Ausbruch von Kriegen und bewaffneten Konflikten seien.
Nicht nur divergierende Kulturen und Ideologien sind die ausschlaggebenden Motivatoren für gewalttätige Konflikte zwischen Staaten und Ethnien, sondern der männlich dominierte Überhang geburtenstarker Jahrgänge in der Altersklasse zwischen 15 und 35 (Youth Bulge) Die aus dieser Frustration entstehenden Spannungen, keine Aufstiegsmöglichkeiten zu höheren Positionen zu gelangen, entladen sich ab einem gewissen demographischen Schwellenpunkt in Kriege und Terrorismus.
Eine positive Konditionalität der EU als Strategie der Nachbarschafts- und Erweiterungspolitik muss mit gesellschaftlichem Dialog und Austausch verstärkt werden, im Sinn einer europäischen wertbezogenen Weltordnungspolitik.

Eine „kohärente Außenpolitik" müsse Werteorientierungen, Sicherheitsbedürfnisse und handfeste Wirtschaftsinteressen kombinieren Die EU-Politik im arabischen Raum sei auch deshalb gescheitert, weil sie fast völlig von Sicherheits- und Wirtschaftsfragen dominiert worden sei, so Frithjof Schmidt (bis 2009 Europaabgeordneter in der Fraktion Die Grünen/Europäische Freie Allianz)
Terror, soziale Ungerechtigkeit, Umweltzerstörung, Krieg, wirtschaftlicher Niedergang, alle diese Herausforderungen der Gegenwart und der Zukunft könnten die USA[92] nur gemeinsam mit einem vereinten Europa erfolgreich bekämpfen. Die

---

[91] Vgl. Steffen Kröhnert, Warum entstehen Kriege? Welchen Einfluss haben demografische Veränderungen auf die Entstehung von Konflikten? Hrsg. Berlin-Institut für Bevölkerung und Entwicklung, 2006, http://nbn-resolving.de/urn:nbn:de:0168-ssoar-321665

[92] Barack Obamas Appell an Europa, Hannover 25.04.2016

Einigkeit des alten Kontinents, sei unerlässlich für die gemeinsame Sicherheit und wirtschaftlichen Wohlstand diesseits wie jenseits des Atlantiks.

„L'Europe se fera dans les crises“

Jean Omer Marie Gabriel Monnet, 1973 („Vater Europas »)

12. Das Europäische Projekt: Vision – Illusion- Erosion

Europa steht vor gewaltigen Herausforderungen: der Krieg in Syrien, der internationale Terrorismus, die Gefahr der Destabilisierung des Mittelmeerraums und Millionen Menschen auf dem Treck nach Europa.

Die Debatte über die Zukunft der Europäischen Union ist aufgrund der Vielfachkrise erneut heftig entbrannt: weniger oder ganz viel Europa, also mehr Kompetenzen für Europa und damit die Vertiefung der „Politischen Union" bis zum ‚Sehnsuchtsziel' der Vereinigten Staaten von Europa.[93]

Divergierende Ansichten beherrschen den Diskurs, allerdings in der übereinstimmenden Beurteilung, dass die wirtschaftliche und politische Integration Europas eng zusammenhingen.

Die Krisen seien entstanden, weil es zu wenig Europa gebe. In der Welt von morgen werde mehr Europa gebraucht, um bestehen zu können.

Die Eigenverantwortung der nationalen Mitgliedstaaten müsse gestärkt werden, so die Position anderer.

Da Europa den Bürgern zu dienen habe, müsse sie auch von europäischen Bürgern, überzeugten Europäern, getragen werden.

Die Zustimmungswerte zur Europäischen Union, Sicherheit und Stabilität verheißend, sinken jedoch in den überwiegenden Mitgliedsländern zusehends. Das Unzufriedenheitsgefühl wird verstärkt mit der Annahme, dass deutsche Interessen die europäische Politik dominieren. Die aktuelle Krisensituation stellt die EU vor einer gewaltigen Bewährungsprobe. Den Besonderheiten und Gegebenheiten aller Mitgliedsstaaten Rechnung zu tragen, mit dem gemeinsamen Verantwortungsbewusstsein, die Regeln einzuhalten, die im Grunde seit dem Maastrichter

---

[93] Anhang (2)

Vertrag bestehen (1993: die Währungsunion beschlossen, die Politische Union jedoch verschoben)
Über die politische Zukunft der EU wird im Diskurs in Folge der Auswirkungen der anhaltenden Krisen gerungen:
Die EU bürgernäher zu gestalten und mehr Mitwirkungsmöglichkeiten zu geben, so beispielsweise Direktwahl des Präsidenten der Europäischen Kommission oder des Präsidenten des Europäischen Rates, die Staats- und Regierungschefs der EU, sind Forderungen zur stärkeren Beteiligung an den Entscheidungen der EU. Größere Interessen, Bürger Europas einzubeziehen, werden als konkrete Schritt zu mehr Demokratie in Europa gewertet.
Eine Volksabstimmung wird als ein Mittel gegen die unspezifische Europa-Antipathie angedacht. Voraussetzung wäre in Deutschland allerdings die Veränderung des Grundgesetzes, müsste aber wiederum durch ein Plebiszit legitimiert werden. Mehrheitlich wird aber Europa kaum eine Chance zur plebiszitären Demokratie eingeräumt
Mit dem in Rede stehenden Verzicht auf eine „Finalität", in deren Logik die Entmachtung der nationalen Parlamente liegt, folgte die Wiederermächtigung dieser Parlamente.
Eines der größten demokratischen Defizite der EU ist damit tendenziell aufgehoben, eine Absage an das „immer engere Europa"[94]
Ein Sieg des Nationalismus und der Kleinstaaterei über die politische Union mit dem Ziel der Integration Europas wird aber von EU-Verfechtern missbilligt.
Als Kernproblem der EU kristallisiert sich heraus, dass sie in der Finanz- und Steuerpolitik, aber auch in der Außenpolitik wie ein Nationalstaat mit einer von einer parlamentarischen Mehrheit getragenen Regierung handeln müsste, um die bindende Entscheidungen durchsetzen zu können. Eine solche

[94] Der Begriff der „ever closer union" steht im EU-Vertrag

Organisation aber widerspräche immer wieder den Interessen einzelner Staaten, die dieses Bündnis konstituierten.

Der Vertrag von Lissabon enthält mit dem neuen Posten der Hohen Vertreterin der Union für Außen- und Sicherheitspolitik und dem Europäischen Auswärtigen Dienst zwar wichtige Neuerungen, dies habe einer Studie zufolge aber bislang eher zu einem Rückschritt in der Entwicklung der EU-Außenvertretung geführt.[95]

Bis zur Begründung der Europäischen Sicherheits- und Verteidigungspolitik (ESVP) dominierte die Annahme, dass der Bereich der Sicherheits- und Verteidigungspolitik als Kern nationalstaatlicher Souveränität dauerhaft aus der europäischen Integration ausgeschlossen bliebe. Neue sicherheitspolitische Herausforderungen (militärische sowie zivile), transatlantische Sicherheitsbeziehungen (intra-institutionelle Beziehungen von NATO und EU) sind u. a. Überlegungen zu etablierenden Weiterentwicklungen des EU-Projektes. Die Notwendigkeit wird darin gesehen, Antworten zu geben auf eine ökonomische Nutzung und Ausbeutung in Gang gesetzte ökonomische Rationalität, die zur heutigen Krise der technisch-industriellen Gesellschaft geführt hat. Auslöser von Rationalitätsstandards bedingen zwar Wohlstand aber auch Armut, was wiederum entsprechende Migrationbewegungen und die Fundamentalisierung von Religion auslöste.
Ein traditionell definierter Nationalstaat setzt nach staatsrechtlicher Auffassung einen zentralisierten Gewaltapparat, ein

---

[95] Julia Lieb, „Diplomatie jenseits des Staates“, Die EU-Außenvertretung gegenüber Drittstaaten und der Europäische Auswärtige Dienst, Baden-Baden Nomos Verlagsgesellschaft, Juni 2013

territorial abgegrenztes Staatsgebiet und ein damit bestimmbares „Staatsvolk“ voraus. Mit der Globalisierung ist eine Verschiebung im System der politischen Herrschaftsapparaturen verbunden. Infolge der Inter- oder Transnationalisierung sind die bestehenden Grenzziehungen zunehmend im Blick auf Migration problematisch. In der Europäischen Union fehlen die traditionellen Merkmale eines Staates, die EU jedoch mehr als lediglich ein Verbund souveräner Nationalstaaten darstellt, einem stetigen Entwicklungs- und damit permanenten Veränderungsprozess unterworfen.

Ein wesentlicher Konfliktpunkt ist das Vertragswerk „Dublin System“ mit den Zuständigkeiten einzelner Staaten zur Regelung der Asylverfahren. Mit dem Dublin II Vertrag müssen Asylsuchende ihren Antrag in dem Land stellen, in das sie zuerst eingereisten, dies sind Staaten an der europäischen Südgrenze.

Ein repressives innereuropäisches Abschieberegime scheint damit begründet. Eine Ausrichtung der Migrationpolitik der EU zur intensiveren Europäisierung und Ablösung der Abschottungspolitik verschob sich aufgrund von Krisen hin zu fortschreitender Abnahme transnationaler Institutionen und gesellschaftlicher Kräftekonstellationen. Neoliberale Sichtweisen werden zunehmend geschwächt, europäische Politik als fortschreitend fragiler beurteilt.

Das kontinuierliche Fortschreiten des Europäischen Projekts sogar im Modus des Inkrementalismus, mit der Strategie kleinster Schritte, scheint vorerst beendet zu sein. Politische Durchsetzbarkeit durch Maßnahmen zu Veränderungen werden immer häufiger korrigiert, gar zurückgenommen, da sich keine parlamentarische Mehrheitsverhältnisse, Akzeptanz in der Bevölkerung etc. herstellen lassen

Aktuelle Renationalisierungstendenzen werden im Zeichen der Krisen immer deutlicher erkennbar, über quasi-staatliche Strukturen durch ökonomisch-gesellschaftliche Zwänge hinaus.

In vielen Mitgliedsländern treffen Lösungsansätze zu den gegenwärtigen Krisen in Europa auf empörtes Unverständnis, offene Ablehnung und Zerwürfnis, allerdings fehlen derzeit auch echte überzeugende Alternativen.
Als politische Gesellschaft kann Europa scheitern, wenn Einheit und Einigung von Souveränität und Solidarität der Nationalstaaten nicht in Übereinstimmung zu bringen sind.
Vertragsgemäß könnte ein Mitgliedstaat aus der Union austreten, ohne die Existenz der anderen zunächst zu gefährden, allerdings sind die politischen, ökonomischen, kulturellen und sozialen Folgen nicht einschätzbar.
Da europäische Völker in nationale aufgeteilt bleiben und keine reale Einheit bilden, bedarf es einer stetigen Begründung zur Daseinsberechtigung. Fortwährend Gemeinsamkeiten zu finden, zu überzeugen und zu behaupten, bedarf es stetiger Übernahme von Verantwortung zur Lebensbewältigung, gegenwärtig und insbesondere zukünftig: Kontroverse Diskurse zur Migration und Integration in der europäischen Union zeugen davon.

Es etablieren sich geteilte Überzeugungen im Blick auf eine wünschenswerte, künftig demokratischere EU. Immer leiser werden Stimmen der Befürworter einer Einrichtung der EU nach Vorbild des demokratischen Nationalstaats.
Bedenken werden dagegen lauter, die von Befürchtungen sprechen hinsichtlich eines ‚deliberativen Supranationalismus', der im Zuge der Globalisierung von einer gesellschaftlichen Denationalisierung gefördert werde.[96]

[96] Vgl. Claudia Landwehr | Rainer Schmalz-Bruns (Hrsg.) Deliberative Demokratie in der Diskussion, Herausforderungen, Bewährungsproben, Kritik, Nomos Verlagsgesellschaft, Baden-Baden 2014

"In der schwierigen Situation der Europäischen Union darf und muss man von den politischen Führern mehr erwarten, als dass sie ständig wiederholen, wie ernst die Lage ist. Sie müssen in allen Hauptstädten das Gefühl der Dringlichkeit erhöhen und die Lager zusammenbringen. ... Europa ist heute ein chaotischer Haufen und ein großes Geschrei. Jeder will zwar dringend eine Lösung, aber niemand ist bereit, alle Konsequenzen zu tragen. Europa als eine solidarische Schicksalsgemeinschaft, die eine Krise nach der anderen überlebt, weil der Wille zusammenzubleiben am Ende stärker ist als der Zwist?"

Bart Strtewagen, De Standaard, 20.01.2016

13. EU: Quo vadis?

Die demokratische Zivilisation in Europa reagiert nach jedem neuen verheerenden Terroranschlag der Terrormiliz IS mit Entsetzen und Betroffenheit, und Politiker beschwören die Solidarität der Europäer wie der gesamten freien Welt- bis zum nächsten Anschlag. Ein erfolgreicher Abwehrkampf gegen den Terror wird aber nur dann erfolgreich sein, wenn er gesamteuropäisch geführt wird. Europaweite Bündelung von Ressourcen und Kräften sowie Ausbau grenzübergreifender Maßnahmen aller Nationalstaaten der EU versprächen Erfolg. Fortwährende Präsenz terroristischer Gewaltausbrüche verschärft nationalen Egoismus, mit dem Ergebnis des Abbaus von Rechtsstaatlichkeit durch uferlose Ausweitung des Überwachungsstaats und damit massive Einschränkung von Freiheitsrechten. Fatal erscheint die Erkenntnis, dass die EU seinen Bürgern Sicherheit als wichtiges Gut nicht garantieren kann, denn den Sicherheitsbehörden gelang es bisher nicht, der straffen Kommandostruktur der Terroristen mit planvollen Maßnahmen zu begegnen: Resignation vor einer eher nicht ideologisch islamistisch geprägten Auswahl von Zielen (öffentliche Räume und Menschen), sondern Destabilisierung durch Töten und Angst?

Die gegenwärtig vorherrschende Tendenz zur Renationalisierung ist umso verhängnisvoller, als neben den islamistischen Terrorismus auch die russische Aggression in der Ukraine die europäische Sicherheitsordnung infrage stellt. Mit den zunehmenden äußeren Bedrohungen wächst aber auch die Chance zur staatlichen Einheit der EU, zur europäischen Identität.

Zur Grenzschließung, Rechtsbruch und Notstand hinsichtlich Merkels Migration- und Außenpolitik aus der Sicht Sloterdijks, werfen Historiker, Politologen und Sozialwissenschaftler, z.B. Herfried Münkler und Armin Nassehi,

dem Philosophen Re-Nationalisierung vor, mit dem Anschein von Linkskonservatismus. Dies dokumentiert u. a. die Polarisierung der Ansichten und Überzeugungen zur Politik der europäischen Union, insbesondere der ‚Meinungsführerin'.
In der Union mit 28 Demokratien sind Abstimmungen, Referenden, Volksbefragungen grunddemokratische Prinzipien. Ergebnisse liberaler Volksbefragung können aber auch das Funktionieren des politischen Apparates in eine Krise führen. Das demokratische Projekt der EU stellt sich als immer schwerer demokratisch zu legitimieren dar, wenn linksliberale, sozialdemokratische, antieuropäische, antiliberale, antikapitalistische, extremistische und bürgerrechtliche usw. Parteien basisdemokratische Instrumentarien nutzen und die Umsetzung[97] fraglich bleibt.

Mit den Großkrisen (Banken, Euro, Griechenland, Terroranschläge, einheitliche Grenzsicherung, Aufnahme, Verteilung und Integration von Flüchtlingen) wird nicht nur antieuropäisches Unbehagen überdeutlich, sondern die zunehmend beunruhigende Erosion der Legitimität der EU.

Die Aversion der Europaskeptiker prallt an der ‚Teflon-Bürokratie' ab, nach einem Volksentscheid scheint nichts zu geschehen und der Volkswille egal zu sein.
Statt einer europäischen Integration sind nur minimale Erfolge und eher Rückschritte zu verzeichnen: Beitrittsablehnung der Norweger, Euroablehnung der Schweden und Dänen, Ablehnen der europäischen Verfassung von Franzosen und Nieder-

---

[97] Z.B. Das deutliche Nein der Niederländer beim Referendum über das Assoziierungsabkommen zwischen der EU und der Ukraine gleicht einer ‚demokratischen' Ohrfeige für Europa. Zwei Drittel der niederländischen Wähler zeigten am 6.April 2016 der EU die Rote Karte.
Frans Timmermans, derzeit Vizepräsident der Kommission kritisiert selbst unüberhörbar undemokratische Entscheidungen , Auswüchse wie Regelungswut, intransparente nationale „Geheimpolitik".

länder und Lissabon-Vertrag durch Irland, als nächstes? „Wenn alles schief geht, zerbricht Europa nicht in einem Krieg. Sondern in der kalten Wut der Ausgeschlossenen und der Apathie der Mitte“, so Christoph Scheuermann.[98]

Die „Ausgeschlossenen“ leiden darunter, dass ihnen Zugänge verwehrt werden, dass sie Missachtung erfahren und dass sie vom Gefühl der Unabänderlichkeit und Aussichtslosigkeit gelähmt sind, weniger an materieller Armut und damit sozialer Ungleichheit einer „Prekarisierungspolitik“ (staatliche Repressionen, Lohndumping, Rentensenkung, Altersvorsorge, Überwachung, Kontrolle usw.) sondern weit mehr an „sozialer Exklusion“.

In allen Ländern des OECD-Raums scheint sich diese Einsicht durchzusetzen, dass es eben nicht allein die von der Allgemeinheit in Form staatlicher Transfereinkommen bereitgestellten Mittel sind, die über die Art und Weise der gesellschaftlichen Teilhabe entscheiden.

Das neue „Dienstleistungsproletariat“ (Mini-Job und Multi-Jobber) sei weiblicher, ethnisch heterogener und qualifikatorisch diffuser (‚vom unqualifizierten Arbeiter neben ausländischem Ingenieur’) [99] So ist ökonomische und materielle Unterversorgung nicht zu trennen vom Versagung von allgemein anerkannten Lebenschancen in wesentlichen Bereichen der menschlichen Existenz, d.h. weitgehender Ausschluss von der Teilhabe am wirtschaftlichen, gesellschaftlichen, politischen und kulturellen Leben („Mehrdimensionalität von Armut“)

[98] Christoph Scheuerrmann, Die Wut der Ausgeschlossenen, Der Spiegel 15/2016, S. 84

[99] Vgl. Bude, Heinz, Die Ausgeschlossenen. Das Ende vom Traum einer gerechten Gesellschaft, Carl Hanser Verlag, München 2008

Der zunehmende Nationalpopulismus hat seinen Ursprung in diesen Befürchtungen und in der Angst vor dem Verlust der eigenen Identität.

Die Zukunft einer europäischen Union mit 28 Staaten unterschiedlicher Geschichte, verschiedener Stärken und Schwächen, divergierender Interessen und einer Bevölkerung von über 500 Millionen Menschen mit 24 Amtssprachen (und zusätzlichen weiteren Sprachen), bedarf einer weiteren zielorientierten Phase der Zusammenführung.

Nach der erfolgreichen Sicherung des zwischenstaatlichen Friedens wird es Anstrengungen bedürfen, den sozialen Frieden in der EU zu gewährleisten. Ein Fortbestand der EU wird nur dann erfolgreich sein, wenn ihren Bürgern in europäischen Angelegenheiten mehr Mitsprache gegen ausufernde Bürokratie eingeräumt wird. Die künftige ‚Erfolgsgeschichte' EU wird sich daran messen lassen müssen, ob überzeugte Bürger der Mitgliedstaaten die notwendigen Vollmachten erteilen oder wieder Kompetenzen entziehen. Eine Entscheidung in Zeiten der Vielfachkrisen steht an:

Ein soziales Europa, ein offenes Europa, ein Europa der Bürger muss akzentuiert den europäischen Zukunftsdiskurs bestimmen.

Die Flüchtlingskrise erscheint als Identitätskrise hinsichtlich der Rolle Deutschlands in Europa und in der deutschen Gesellschaft. Das „Wir" („Wir schaffen das", Merkel) setzt die Vorstellung einer homogenen Nation, eines imaginierten Kollektivs[100], voraus. Nationsvorstellungen im Blick auf die Aufnahme von Flüchtlingen lassen zwei Positionen sichtbar werden: Nation weniger als homogene Einheit denn als diverse

[100] Vgl. Nikola Tietze, Imaginierte Gemeinschaft, Zugehörigkeiten und Kritik in der europäischen Einwanderungsgesellschaft Hamburg: Hamburger Edition 2012
Tietze bezieht sich auf Migrantengruppen in Deutschland und Frankreich, um jeweils spezifische Zugehörigkeitskonstruktionen aufzudecken, die sie in einen supranationalen und postsouverän-nationalen Bezug setzt.

Entität: Zwischen den Polen der Nützlichkeit und Realität versus Humanität und Menschenrechtsvorstellungen.

Vor jedem europäischen Integrationsschritt müsse deshalb nüchtern abgewogen werden, inwieweit ein erhoffter Nutzen den Verlust an politischer Legimitation aufwiegt.
Derzeit scheint die Herausforderung, vor der Europa steht, weitgehend von politischer und moralischer Ratlosigkeit angesichts der stattfindenden und noch zu erwartenden Flüchtlingstragöde geprägt. Der Empörungsschrei- ein „gesinnungsethischer Aufschrei“ (Max Weber) kaschiert das Versagen Europas.
Die Europäische Union fordert nach den erlebten und bestehenden Krisen bisher mehr europäische Integration. Der drohende Zerfall scheint damit aber eher nicht eingedämmt zu werden, im Gegenteil.
So erwies sich beispielsweise die gemeinschaftliche Währung, die europäische Zentralisierung mittels der Währungsunion, als eine zunehmende Aushöhlung der Souveränität der europäischen Nationalstaaten.
Die europäischen Regeln für die Finanzpolitik (Euro, Griechenland, Austerität usw.) und der direkte Eingriff europäischer Institutionen werden als schleichend offene Entmachtung empfunden und erlebt. Der Herrschaft der zentralstaatlichen europäischen Bürokratie (insbesondere des Hegemonen Deutschland) aktiviert Verweigerung der Solidarität und löst damit Widerstand, Renationalisierung aus.
Nur eine Besinnung auf eine europäische Machtbalance und Achtung staatlicher Souveränität bieten die Chance des Fortbestehens der Europäischen Union und Fortführung einer besonnenen Integration- nahe am Unionsbürger.

Mit demokratischen Imperativen, wie Weltoffenheit, Toleranz, Gleichberechtigung, Vielfalt, Freizügigkeit etc. werben in öffentlichen Diskursen, im Netz sozialer Medien usw. politische und ökonomische Eliten Europas und beschwören die Europäischen Union mit dem ‚Permathema' Integration und Solidarität. Dem politischen Gestaltungswillen mangelt es aber an der Verwirklichung, denn es fehlt die politische Union zur Einbindung des Souveräns, des Staatsvolkes zum einheitlich Ganzen.

Der EU-Vize-Kommissionspräsident Ernst Timmermann[101] ist überzeugt, dass es auf absehbare Zeit keinen europäischen Superstaat geben werde, zu groß seien die Unterschiede und zu ausgeprägt der Eigensinn der europäischen Nationen. Trotz aller Krisen und Konflikte bildeten die europäischen Institutionen einen stabilen Rahmen und die äußeren Herausforderungen seien nur gemeinsam zu bewältigen. Der Verlust nationaler Souveränität in der Währungs- und Finanzpolitik und die Ausrichtung auf globale Wettbewerbsfähigkeit seien nicht unbedingt frohe Botschaften für die Menschen in Griechenland und in anderen Ländern der EU Peripherie. Sie gingen einher mit sozialen Härten, wachsendem Leistungsdruck und schärferen Verteilungskonflikten. Renationalisierung von Wirtschaft und Politik wäre aber der Weg in politische Bedeutungslosigkeit und wirtschaftlichen Abstieg.
Mehr Fairness und Ausgleich, Respekt und Solidarität unter Gleichberechtigten sind unverzichtbare, nicht verhandelbare Ansprüche an die Europäische Union.
Die Europäische Union ist ein politisches Gebilde, das derzeit von ‚Krise zu Krise' taumelt und Krisengipfel werden zu permanenten Institutionen.
Gesellschaftspolitische Verfehlungen und Irrwege einer überwiegend orientierungslos gewordenen und damit unreformierbar sich präsentierenden Union stehen mit der Legitimationsfrage vor einer Zeitenwende.

[101] Vgl. Olga Drossou. Ralf Fücks, Heinrich-Böll-Stiftung e.V. 20. Jul. 2015

Demokratieverlust, Immigration, Arbeitslosigkeit, Globalisierung, asymmetrische Kriege, Technokratie, Populismus sind die Indikatoren. Zum Demokratiedefizit der EU warnt Martin Schulz vor dem Zusammenbruch der EU:

"Wäre die EU ein Staat, der die Aufnahme in die EU beantragen würde, müsste der Antrag zurückgewiesen werden - aus Mangel an demokratischer Substanz."

Die Regierungschefs kämpften nicht darum, „die Herzen der Menschen zu erreichen." Das Vertrauen vieler Menschen in Institutionen insgesamt, egal ob national oder europäisch, sei verloren gegangen. Die Gräben könnten zum Scheitern der EU führen. Eindringlich warnt Schulz vor einem Scheitern der Europäischen Union, denn es bedürfe einer europäischen Lösung, die bei den Fluchtursachen anzusetzen habe, sonst breche Europa auseinander.

„Kein Projekt, auch nicht die EU, ist irreversibel", so seine resignierende Feststellung.

Der Einschätzung Martin Schulz entspricht in einigen Darstellungen David Engels Grundthese zur Zukunft Europas[102]

Der Autor David Engels vergleicht die Krise der modernen abendländischen Gesellschaft mitsamt ihrer wichtigsten politischen Einrichtung der EU mit der Spätphase der Römischen Republik, dem Prinzipat des Augustus und Untergang der Römischen Republik:

Anhaltende Vielfachkrisen, bürgerkriegsähnliche Zustände und die Errichtung eines autoritär-populistischen Staates in Europa, sichtbar im Übergang in eine postdemokratische Gesellschaft durch den Aufstieg der ‚Neuen Rechten'.

[102]Engels, David, „Auf dem Weg ins Imperium: Die Krise der Europäischen Union und der Untergang der Römischen Republik. Historische Parallelen, Europaverlag Berlin, 2014

Als dauerhafte Bestandsgarantie fehle ein Proprium (Identifikationsbewusstsein), allein das Pekuniäre seiner Mitglieder zu Lasten eines Staates erweise sich als unzureichend.
Eine Rettung sieht er im imperialen Europa, das sich seiner geistigen Werte besinnt, die ihm geraubt wurden, denn selbst ein Europa der Nationalstaaten hält Engels für nicht überlebensfähig angesichts der sich formierenden Imperien in Asien oder Nordamerika. In seiner Europa-patriotischen Einschätzung ist er überzeugt, dass Sicherheit und Gleichheit der Freiheit vorzuziehen sei, abgefedert durch eine staatsinterventionistische Politik, im Sinn eines gemäßigten EU-Imperiums.
Missstände kultureller und identitätsschaffender Traditionen innerhalb der EU im Blick auf Toleranz, Respekt gegenüber menschlichem Leben, Gleichheit, Selbstverwirklichung, Religion, Respekt gegenüber anderen Kulturen, Freiheit des Einzelnen, Demokratie, Rechtsstaatlichkeit, Menschenrechte, Frieden, Solidarität usw. werden von Engels bemängelt, und er hält eine diesbezügliche Rückbesinnung zur ‚Rettung' des Europäischen Projekts für dringend geboten.

Vor einer schleichenden Erosion warnt Rolf-Dieter Krause. Europa habe die Fähigkeit zur Einigung verloren, seine einst traditionell immer wieder bewiesene Kraft zum Kompromiss. Was drohe, sei „kein Zerbrechen, sondern eher ein Zerbröseln".[103]

„Die EU hat die besten Jahre längst hinter sich. Wo es um die gemeinsame Zusammenarbeit geht, ist es ein rein symbolischer Zirkus geworden", so Georgios „Jorgo“ Chatzimarkakis, deutsch-griechischer Politiker und Lobbyist in Brüssel.

---

[103] Rolf-Dieter Krause, langjähriger und bald scheidende ARD-Chefkorrespondent in Brüssel, Mai 2016

14. „EUROKALYPSE“ : Ende, Wende oder Konvergenz[104] ?

Die großen Ziele der Europäischen Union sollten einmal Vorbild für andere Staaten sein, stattdessen folgten Krisen: Wirtschaftskrise, Bankenkrise, Ukrainekrise, Flüchtlingskrise, innerstaatliche Krisen usw. Skeptiker und Gegner verlangen wieder die Stärkung des Nationalstaats, das supranationale Staatenbündnis EU schien diesen bereits überwunden zu haben. Der Verbund erscheint geteilt: In Nord und Süd oder auch in Reich und Arm, in Ost und West, rechts und links, offen und geschlossen, egoistisch und solidarisch.

Europa werde niemals das eine, letztgültige Narrativ haben, sondern eine lebendige Öffentlichkeit, in der Europäerinnen und Europäer innerhalb und außerhalb ihrer politischen Grenzen miteinander sprechen und nicht nur übereinander.

Es werde nie nur eine gemeinsame Identität haben, sondern Freiraum für die Vielfalt seiner Identitäten, und eine politische Kultur, die unsere Unterschiede nicht einebnet, sondern wertschätzt. „Und ich glaube, Europa wird nie nur mit einer Stimme sprechen. Auch die braucht es nicht –sondern Mechanismen, Instrumente, Verabredungen, die aus der Vielzahl seiner Stimmen gemeinsames Handeln machen. Der Traum von Europa wird weitergeträumt. Das Träumen geht weiter, und die Wirklichkeit bleibt eine Baustelle. Europa hat keinen Endzustand.“ [105]

---

[104] Im politischen und wissenschaftlichen Diskurs der EU wird ‚Konvergenz’ sehr unterschiedlich aufgefasst. In diesem Kontext wird der Begriff als Kohäsion oder Zusammenhalt in der EU verstanden (im Sinn der ‚EPZ’, Europäische Politische Zusammenarbeit, Den Haag, 28. Februar 1986)

[105] Frank Walter Steinmeier, Rede anlässlich der Europäischen Schriftstellerkonferenz "Europa – Traum und Wirklichkeit“, 8.Mai 2014, Berlin

Jeremy Rifkin[106] sah in Europa eine neue, zukunftsfähige Weltordnung. Der alte Kontinent ist für ihn der Hoffnungsträger für eine gerechtere Welt. Das politische System Europas bietet langfristig Frieden, Gerechtigkeit und Humanität, so sein Credo. Wenig Beachtung schenkte er allerdings den realen Problemen der EU: Die fragwürdigen Legitimationen ihrer Entscheidungen.
Die EU bedarf einer Konsolidierung, insbesondere im Blick auf die Außen- und Sicherheitspolitik und der Weigerung der Abgabe der nationalen Zuständigkeiten.
Das Projekt Europäische Union muss deswegen reformiert werden, um es wieder attraktiver zu machen. Der überwiegende Skeptizismus darf keinesfalls die Erfolge des Europäischen Projekts vergessen lassen: Aussöhnung nach kriegerischen Auseinandersetzungen verfeindeter Völker und Staaten hin zur Koexistenz in einem friedlichen Kontinent, politisch und ökonomisch verbunden.
Europa benötigt aber eine Art neuer Sinnstiftung, nachdem die Ursprungsideen Frieden und Freiheit sich generationsbedingt allmählich verbraucht haben.
Die Krisen müssen zum Ausgangspunkt eines demokratischen Neubeginns der europäischen Politik gemacht werden. Die Politik der EU darf nicht länger „von oben“ dekretiert werden. Gravierende Probleme, vom Übermaß an Zentralisierung bis zu den Demokratie-Defiziten, lassen Europa erkranken.

Konflikte, Krisen und Katastrophen bringen viele Probleme, sie machen aber auch deutlich, dass sie sich nur mit weltwei-

---

[106] Vgl. Jeremy Rifkin, Der Europäische Traum, Die Vision einer leisen Supermacht, Campus Verlag, Frankfurt am Main 2004

ten Lösungen beheben lassen. Die Globalisierung schränke die Politik in vieler Hinsicht ein, sie sei aber auch vielleicht der Beginn einer neuen politischen Ära.
Die Politik müsse die klassischen national begrenzten Räume verlassen und sich den globalen Szenarien der wechselseitigen Abhängigkeiten stellen.[107]

Ernüchternd eröffnet Donald Tusk[108] in der Sala Regia im Vatikan den Zuhörern seine realistische Einschätzung vom künftigen Europa:
Der Traum von einem europäischen Staat, gar einem europäischen Nationalstaat, sei eine Illusion. Nicht der europäische Gedanke sei gestorben, vielmehr sei der gesunde Menschverstand zurückgekehrt. „Wir werden auch in vielen Jahren eine Familie auf einem Fundament der Nationalstaaten mit ihren unterschiedlichen Traditionen sein.“
Kommissionspräsident Jean Claude Juncker ergänzte in diesem Kontext: „Nehmende Vollzeiteuropäer und gebende Teilzeiteuropäer“ spiegelten das Bild skeptischer nationaler Bevölkerungen.
„Europa ist im Begriff, sich selber abzuschaffen. Die Situation ist instabil und gefährlich.“ Keine Zivilisation überlebe, wenn sie ihre Grenzen nicht mehr sichere und ungesteuert Hunderttausende, ja Millionen von schwer bis kaum integrierbaren Fremden aufnehme. Die EU sei nicht mehr in der Lage oder willens, wesentliche hoheitliche Aufgaben auszuüben: Der Flüchtlingsdeal mit der Türkei ist eine Bankrotterklärung, eine Unterwerfung, kein Abkommen, der Schengen-Vertrag wie das Dubliner Flüchtlingsabkommen Makulatur. Politischer Extremismus lodere, soziale Konflikte drohten solange die

---

107 Daniel Innerarity, in der linksliberalen Tageszeitung El País (ES), 18. Mai 2016

108 Donald Tusk, Präsident des Europäischen Rates und Jean-Claude Juncker anlässlich der Karlspreisverleihung in Rom, 06.Mai 2016

Eliten und ihre Medien nicht bereit seien, die von ihnen geschaffenen Probleme zu diskutieren und zu lösen. „Die größenwahnsinnige «Wir schaffen das»-Mentalität hat in der europäischen Geschichte regelmäßig Katastrophen verursacht“[109]

Der irische Historiker Brendan Simms sieht Europas Zukunft mit großer Skepsis, insbesondere auch auf dem Hintergrund eines möglichen Brexit [110](britisches Referendum 23. Juni 2016, über einen Austritt Großbritanniens aus der EU) Europa stehe heute vor einer Reihe von Herausforderungen, von denen jede einzelne äußerst gefährlich sei und die in ihrer Kombination sogar tödlich enden könne - die Euro-Krise, die russische Bedrohung und der Zustrom von Migranten. Die Krisen seien auf die Unfähigkeit zurückzuführen, mit den Instrumenten eines Staatenbundes Probleme lösen zu wollen, die eines Bundesstaates, also einer politischen Union, bedürften.
Der Brexit sei ein „verheerendes Urteil über die EU“. Ein fragmentiertes, ängstliches und verletzliches Europa, eine EU

---

[109] Roger Köppel, „Das Grundproblem bleibt der Islam“ in: theeuropean, 11.4.2016

[110] Austritt aus der EU : Regelung des Ablaufs nach Artikel 50 des EU Vertrages

- EU Mitgliedsstaaten werden von Brexit Absicht informiert
- Leitlinien für Austrittsverhandlungen durch Staats- und Regierungschefs (ohne GB)
- Aushandeln eines Abkommens durch ernanntes Gremium (z.B. EU-Kommission)
- Beschluss des Abkommens der EU- Staaten nach Zustimmung des EU-Parlaments
- ohne Abkommensbeschluss ungeregeltes Ausscheiden aus der EU nach 2 Jahren

im Chaos unter Deutschlands Dominanz, wäre das Ergebnis, so Simms.[111] Sein Lösungsvorschlag : eine Art paneuropäisches Referendum durch die Bürger.

Boris Johnson, Londons populärer Ex-Bürgermeister, Wortführer der Brexit-Befürworter, („Vote Leave") und Gegenspieler von Premierminister David Cameron, wirft der EU "katastrophale Fehler" vor: es fehle grundsätzlich die Loyalität zu der europäischen Idee, keine Autorität, die alle respektieren und verstehen würden. Daraus resultiere ein massives Demokratiedefizit. Brexit sei das "großartige Projekt des europäischen Liberalismus", während die EU zu einem "obskurantistischen 50er-Jahre-Projekt" verkommen sei, das sein Haltbarkeitsdatum längst überschritten habe.
Bei einer Volksabstimmung über die Zukunft der Mitgliedsländer in der EU würden einer Umfrage im Mai 2016 des britischen Meinungsforschungsinstituts Ipsos Mori zufolge, derzeit 48 Prozent der Italiener, 41 Prozent der Franzosen , 39 Prozent der Schweden und 34 Prozent der Deutschen für einen Austritt stimmen.[112]
Die Europagegner auch die ‚Brexiteers' genannt, sehen sich als ‚Kämpfer' gegen das Establishment, gegen die Elite in London und Brüssel, gegen den Kontrollverlust und die Machtabgabe an Brüssel. Die Brexiteers fühlen sich von der Globalisierung und den Einwanderern überfordert: Eine Allianz der Unzufriedenen und anscheinend Betrogenen mit den Wohlhabenden und Besitzenden, die Abgaben befürchten,

[111] Brendan Simms und Lukas Schmelzer, „Zerfällt Europa", faz.net, 23.03. 2016

[112] http://de.sputniknews.com/panorama/20160510/309741631/eu-austritt-umfrage.html

vereint in der Initiative „Better Off Out“, eine Lobbyorganisation unter Simon Richards „Freedom Association“
Mit einem Brexit habe der „Rest schlechtere Chancen, auf der globalen Bühne ernst genommen zu werden“, so Chefvolkswirt der Deutschen Bank, David Folkerts-Landau[113]
Die ökonomischen Perspektiven Europas sind düster hinsichtlich Wachstumschancen und das „Projekt namens Europäische Union“ sei ein unfertiges Projekt mit einem unklaren Ergebnis. Sean Shepley, Credit Suisse, erachtet im Gegensatz zu Ausstiegsszenarien ein weitergehendes Modell für möglich: Statt raus aus der EU, rein in den Euro. Oder anders ausgedrückt: „Brentry statt Brexit“ !
Das zentrale Friedensprojekt der EU, die pazifistische Mission, ist vollendet; es bedarf keiner weiteren politischen Ambitionen hinsichtlich: ‚vom Staatenbund zum Bundesstaat'„Ever closer union“ wird eher mit Zwist und Missgunst begegnet. Das Demokratiedefizit erscheint vielen zu groß, es mangelt ihnen an der demokratischen Selbstbestimmung.
Die meisten „critical remainers“ sprechen sich aber mit erheblichem Vorbehalt für einen Verbleib in der Union aus. Ein Brexit wäre „ein historischer Fehler“. Das Vereinigte Königreich würde in die weltpolitische Bedeutungslosigkeit abstürzen.[114]
Es wachsen die Bedenken, dass das Verhältnis Großbritanniens zur EU auch weiterhin nicht ‚spannungsfrei' [115] bleiben

[113] http://www.wallstreet-online.de, 15.12.2015
[114] Holger Afflerbach, „Honeymoon ist lange her“, Cicero- 6.2016, S.80f
[115]

"Wenn der Kommissionspräsident sagt, die Dinge gelten für Frankreich anders, dann beschädigt das wirklich die Glaubwürdigkeit der Kommission als Hüterin des Pakts - und das ist meine Sorge", so Jeron Dijsselbloem. Damit verweist er auf die europäischen Verträge(u. a. Regeln des Stabilitätspakts), nach denen der Kommissionspräsident Claude Juncker auf die Einhaltung dieser zu achten habe. Sein erratisches Verhalten in seinen missachtenden Alleingängen sorge für wachsenden Zulauf der Brexit Befürworter, er verspiele die Glaubwürdigkeit, die geltenden Regeln seien für

wird. Einerseits erscheinen die ökonomischen Realitäten im Verhältnis Großbritanniens zu Europa aufgrund der weitreichenden Handelsbeziehungen- und abkommen kaum ohne spürbare Einschränkungen für die eigene nationale Souveränität möglich, ob Brexit oder bei Verbleib. Ungehinderter Zugang zu den einzelnen Märkten- unverzichtbar für Großbritanniens Wirtschaft- setzt Akzeptanz des europäischen Rechts voraus, verbunden mit langwierigen aufreibenden Verhandlungen innerhalb eines politischen europäischen Gestaltungsabkommen.

Emotional und tiefgehender sind die Überzeugungen derer, die die EU als Angriff auf ihre Identität sehen, auf Freiheit, Willen und Selbstbestimmung des britischen Volkes.

„Neverendum" bezeichnet Mark Dawson[116] das anhaltend schwierige Verhältnis Großbritanniens zur EU und meint, dass es noch viele Jahre auf der politischen Agenda bleiben werde.

Ob Brexit oder Bremain: fast alle EU Regeln müssen weiterhin beachtet werden, weitere Teilnahme am gemeinsamen Binnenmarkt entweder mit bilateralen Vereinbarungen mit der EU nach Schweizer Vorbild oder Verbleib als Mitglied des Europäischen Wirtschaftsraums (EWR), so wie Norwegen; im Ergebnis: kein Mitspracherecht in Brüssel, weniger Souveränität.

Das in der EU verbriefte Austrittsrecht als Gemeinschaftsrecht scheint mit dem möglichen Brexit aber als „Wohltat für Europa" auch für andere Mitgliedsländer eine Option zu sein. Die EU erzeugt keine Euphorie mehr, die Idee von einem europäischen Superstaat ist verblasst.

---

ihn nicht mehr bindend. So wächst auch in Brüssel und Berlin zunehmend der Verdruss und die Sorge um seine eigenmächtige Mandatsausweitung, eine ‚Entmachtung' des politischen Kommissionspräsidenten wird bereits angedacht.

[116] Mark Dawson, Professor für Europäisches Recht und Governance an der Hertie School of Governance, in: ZEIT ONLINE, 16.6.2016

„Das wahre Europa ist an den Europäern zugrunde gegangen. Das Brüsseler Europa, das Europa der Institutionen, das lebt weiter. Aber es ist hohl geworden."[117]
Existiert eine „fatale Wurschtigkeit, die die Gemeinschaft von innen zu zerfressen droht"?
„Chauvinismus, Nationalismus, Defätismus", steuert Europa mit diesem Dreiklang direkt auf den Abgrund zu, wie es Alexander Marguier, stellvertretender Chefredakteur von Cicero, befürchtet?
Gemeinsamer Wirtschaftsraum und aufgenommene globale Handelsbeziehungen zielen in der Hauptsache auf Vorteilsnahme, Egoismen und Ausbeutung von Ressourcen: Unbegrenztes Wachstum, asymmetrischer Wettbewerb zur Gewinnmaximierung und Sicherung der Weltmachtansprüche und auch Territorialansprüche; dies wird von vielen EU-Bürgern zum derzeitigen Zustand defätistisch zur Kenntnis genommen.
Die Spaltung der Gesellschaften in eine Elite, die Politik macht, und eine breite Masse, die nicht mehr das Gefühl hat, diese Politik beeinflussen zu können – obwohl ihr versprochen wird, sich immer an allem beteiligen zu können, erscheint als wesentlicher Grund für eine Krise der Demokratie. Die demokratischen Strukturen haben sich den radikal veränderten, digitalisierten globalen Netzwerkgesellschaften nicht angepasst. Eine tiefgehende Identitätskrise der Mitgliedsländer der EU ist Folge dieser Demokratieskepsis.
Die EU und ihre Mitgliedstaaten haben sich fortwährend von ihrem Anspruch verabschiedet, den sozialen Zusammenhalt zu fördern und zugleich Gestalter einer fairen Globalisierung zu sein. Mit der Wirtschafts-, Sozial-, Vertrauens- und politischen Legitimationskrise wachsen wirtschaftliche und soziale Divergenzen in und zwischen den Mitgliedstaaten der Union und damit verstärkt sich auch die Integrationskrise. Mit den

[117] Jakob Augstein, „Adieu, Europa", Der Spiegel, 23/2016, S.8

multiplen und energieraubenden Krisen droht das Europäische Projekt zu scheitern, vertrauensverlustig und handlungsunfähig.
Sozialer Zusammenhalt und soziale Demokratie als zentrales Anliegen des Projekts sind die zu bewältigenden Herausforderungen: das Primat des Marktes muss dem Primat der Politik Vorrang gewähren.
So steht die EU vor dem Dilemma, sowohl den Mitgliedstaaten mehr Freiräume für eigene Wege zu Wohlstand und sozialem Ausgleich zu lassen als auch ihnen im Fall wirtschaftlicher und sozialer Krisen beizustehen. Beistand und Unterstützung werden in der Europäischen Union derzeit weitgehend mit Souveränitätsverzichte verknüpft. Diese Praxis ist mitverantwortlich für wachsende Europaskepsis in vielen Mitgliedsländern und daraus resultierende Renationalisierung. Divergenzprozesse in Folge zu verhindern oder wenigstens abzuschwächen, hieße über eine behutsame partielle Desintegration nachzudenken. Für die politische Akzeptanz derartiger Überlegungen ist der öffentliche Diskurs zur Legitimation demokratischer Entscheidungsprozesse unentbehrlich und Erfolg versprechend in der Zustimmung, statt wie derzeit weitgehend praktiziert, von der politischen Elite und von Experten im nicht öffentlichen Verfahren diktiert zu werden.

Mit dem historischen Referendum der Briten haben sich die Brexit-Befürworter[118] am 23.Juni 2016 durchgesetzt: Eine Katastrophe oder eine Chance für die EU?

---

[118] Mehr als 70 Prozent der 18- bis 24-Jährigen stimmten für "Remain", bei den 25 bis 49 Jahre alten Wählern waren es immer noch rund 55 Prozent. Bei den über 50-Jährigen drehte sich das Abstimmungsbild dann. Rund 55 Prozent von ihnen stimmten für "Leave", bei den über 65-Jährigen waren es sogar mehr als 60 Prozent. Mit dieser Entscheidung und ihren Folgen müssen nun die jungen Menschen, die mehrheitlich für den Verbleib in der EU gestimmt haben, leben.

Eine grundlegende Debatte über die Zukunft der EU steht an, aber es fehlt die gemeinsame Vision eines neuen Projektes, um die Bürger von Europa zu begeistern: „Wir müssen endlich ein Europa bauen, das liefert, was die Bürger von Europa erwarten“, ermuntert Elmar Brok, Vorsitzender des Auswärtigen Ausschusses im Europaparlament.
Die EU sei eine „einzigartige Solidar- und Wertegemeinschaft. Sie ist unser Garant für Frieden, Wohlstand und Stabilität. Nur gemeinsam werden wir unsere Werte von Freiheit, Demokratie und Rechtstaatlichkeit und unsere Interessen - wirtschaftliche, soziale, ökologische, außen- und sicherheitspolitische - im globalen Wettbewerb auch weiter behaupten können“, so Merkels beherrschte und zurückhaltende Reaktion auf den Brexit.
Nach Meinung vieler EU Politiker gerät Deutschland zukünftig noch stärker in die Rolle des Hegemonen, wovor es sich aber - einst nach Vormacht strebend - fürchtet.
Es wäre „wohl nicht realistisch", auf eine Vertiefung der Eurozone zu drängen. "Wir dürfen nicht mit Aktionismus reagieren“, warnt Juncker.
Nach dem Referendum müssen spürbare Kurskorrekturen vorgenommen werden. Aber wie für alle großen Entscheidungen gilt, dass sie im Konsens erfolgen müssen, das Dilemma der Handlungsunfähigkeit* steht dem allerdings entgegen. Der Brexit ist ein gigantisches Misstrauensvotum und eines, das Nachahmer finden könnte. Die Zukunft der Europäischen

---

* Großbritanniens Regierung wird sich nicht zu schnellen Brexit-Verhandlungen drängen lassen. „Das Referendum ist eine interne Angelegenheit“, sagte Außenminister Philip Hammond. Die EU-Spitzen in Brüssel, Deutschland und andere Mitgliedstaaten, insbesondere die Außenminister der sechs EU-Gründungmitglieder dringen dagegen auf schnelle Austrittsverhandlungen nach Rechtslage (Artikel 50). Befürchtungen werden laut, dass die Bundeskanzlerin Merkel („nicht so garstig sein“) beim EU-Gipfel vor dem Zeitdiktat von Premier David Cameron einzuknicken droht!

Union steht auf dem Spiel, es ist die schwerste Krise ihrer Geschichte. So stehen allein Populisten aus dem rechten und linken Lager bereit, um den Rückenwind aus dem Brexit zu nutzen: "Ich kann nicht ausschließen, dass der britische Austritt Lust auf mehr machen würde in anderen Ländern", warnt EU Kommissionspräsident Juncker.
Obwohl Schotten und Nordiren mehrheitlich für den Verbleib in der EU votierten, drohen dem Vereinigten Königreich Zerfall und eine problematische Zukunft, denn Separatisten könnten für eine Abspaltung von Großbritannien aufrufen: Statt 27 EU-Mitgliedsstaaten dann 29 ?
Es stehen schwierige und langwierige Verhandlungen der EU mit London bevor. Deserteure empfange man nicht mit offenen Armen, so der EU- Kommissionspräsident Jean Claude Juncker und signalisiert Härte in den bevorstehenden Austrittsverhandlungen.
Kaum ist aber das Ergebnis des Referendums bekannt, verbreitet sich im Internet und in den ‚Social Media' schon der ‚Aufschrei' des Bedauerns: *#Bregret,* Beginn eines „Neverendums"?

Sogar von einem neuen Verfassungskonvent zum 60. Geburtstag der Union, 25. März 2017, ist die Rede: Aus Fehlern lernen und gegen Kräfte der Zerrüttung für eine bessere EU, einer Weiterführung der europäischen Einigung, Mehrheiten herstellen.

"The Community is not an end in itself."

Margaret Thatcher*

* 5. Juni 1975 (erstes Europa-Referendum: 67 Prozent der Briten stimmten für den Verbleib in Europa)

„Die EU ist eine der angesehensten Societies der Welt, der Lions-Club unter den feinen organisierten Gesellschaften. Doch Europa ist noch viel mehr. Es ist eine konfuse Sehnsucht, die kopflos, abenteurer-lustig und mutig macht. Oder ein Weg, den man ver-zweifelt zu gehen
bereit ist; auch unter dem Risiko, zu sterben."

Mely Kiyak „Europa: Die Villa mit fünf Sternen"

15. QUELLEN

Agamben, Giorgio, "Europa muss kollabieren", im Interview mit Iris Radisch, in: Die Zeit Nr. 35/2015

Bolz Norbert, Dr. phil., „Celebrity Design“ und „Muddling Through“ Die zwei Gesichter der postmodernen Politik, in: 401 Forschung & Lehre 8/2002

Bude, Heinz, Die Ausgeschlossenen. Das Ende vom Traum einer gerechten Gesellschaft, Carl Hanser Verlag, München 2008

EBD, **E**uropäische **B**ewegung **D**eutschland, Politische Forderungen 2015/16, Beschluss der -Mitgliederversammlung, S.13

Kamel, Daoud, im Interview mit Annabelle Hirsch in F.A.S. Nr.6 S.41f 14.02.2016

Friedman, Thomas L., „Die Welt ist flach“, Eine kurze Geschichte des 21. Jahrhunderts, suhrkamp taschenbuch, 2008

Grimm Dieter, Europa ja - aber welches? Zur Verfassung der europäischen Demokratie C. H. Beck Verlag, München 2016

Guérot, Ulrike Warum Europa eine Republik werden muss! Eine politische Utopie, Dietz Verlag, Bonn 2016

Habermas, Jürgen, Die postnationale Konstellation und die Zukunft der Demokratie, Politische Essays, edition suhrkamp 2095, Frankfurt (Main) 1998.

Hartleb, Florian, Rechtspopulistische Parteien. Konrad-Adenauer-Stiftung, Arbeitspapier / Dokumentation Nr. 143, Sankt Augustin (2005),

Heinsohn, Gunnar, Söhne und Weltmacht. Terror im Aufstieg und Fall der Nationen, Piper Taschenbuch Bd.5124, 2008

Hunko, Andrej, Bundestagsrede, 29. September 2011, Persönliche Erklärung zur Erweiterung des "Euro-Rettungsschirms" (EFSF)

Huntington, Samuel P., Kampf der Kulturen: Die Neugestaltung der Weltpolitik im 21. Jahrhundert, Kindle Edition, 1998

Klonovsky, Michael „Die Liebe in Zeiten der Lückenpresse: Reaktionäres vom Tage. Acta diurna 2015 (Edition Sonderwege bei Manuscriptum), März 2016

Kirchhof Paul, „Unsere Wertegemeinschaft“, http://www.faz.net/aktuell/feuilleton/debatten/maximen-zur-freiheit-und-zur-sicherheit-14022953.html, 21.01.2016, Gastbeitrag

Kundnani, Hans, „German Power Das Paradox der deutschen Stärke“, C.H.Beck, 2016

Kröhnert, Steffen, „Warum entstehen Kriege?“, Welchen Einfluss haben demografische Veränderungen auf die Entstehung von Konflikten? Hrsg. Berlin-Institut für Bevölkerung und Entwicklung, 2006, http://nbn-resolving.de/urn:nbn:de:0168-ssoar-321665

Laclau, Ernesto, „Drei Merkmale des Populismus“ in: Zeitschrift-Luxemburg, Heft 18 1/2014

Landwehr, Claudia, Rainer Schmalz-Bruns (Hrsg.), Deliberative Demokratie in der Diskussion, Herausforderungen, Bewährungsproben, Kritik, Nomos Verlagsgesellschaft, Baden-Baden 2014

Leggewie, Claus „Die Konsultative“, Mehr Demokratie durch Bürgerbeteiligung, Verlag Klaus Wagenbach, März 2016, vorgestellt: Leipziger Buchmesse,

Leggewie, Claus, Nanz, Prizia, „Die Konsultative" , Mehr Demokratie durch Bürgerbeteiligung, Wagenbach Verlag, 2016, Quelle (Zitat): Deutschlandradio Kultur, Interview mit Christian Rabhansl, Leipziger Buchmesse

Lieb, Julia, „Diplomatie jenseits des Staates“, Die EU-Außenvertretung gegenüber Drittstaaten und der Europäische Auswärtige Dienst, Baden-Baden Nomos Verlagsgesellschaft, Juni 2013

Lobo, Sascha, http: //www.spiegel.de/netzwelt/web/sachsen-des-poebels-kern-kolumne-von-sascha-lobo-a-1079046.html.

Malirsch, Martin „Digitale Netzwerkgesellschaft, Realutopisch Szenarien zur Zukunftsfähigkeit“ Rediroma-Verlag, 2015, S.28
ders. „Hegemoniale Welt(um)ordnung“, Globalisierungsinduzierte Erosionen, Rediroma-Verlag, 2014

Maaz, Hans-Joachim, Psychoanalytiker im Gespräch mit Benjamin Reuter und Sabrina Hoffmann, in: The Huffington Post, 24.01.2016

Menasse, Robert, „ Heimat ist die schönste Utopie", Reden (wir) über Europa, edition surkamp, 2014

Mansour, Ahmad, Generation Allah, Warum wir im Kampf gegen religiösen Extremismus umdenken müssen, S.Fischer Verlag, Frankfurt/M, 2015

Meyer, Frank A., Oben und Unten, Cicero-4/2016, S. 60,

Mouffe, Chantal, "Agonistik. Die Welt politisch denken", Suhrkamp Verlag. Berlin 2014.

Nanz, Parizia, Wahrheit und Politik in der Mediengesellschaft Anmerkungen zu Hannah Arendt, Politik. 2013, eBook

Nida-Rümelin, Julian, im Gespräch mit Dorothee Krings in: Rheinische Post (RP 19.01.2016)

Noelle-Neumann, Elisabeth: Die Schweigespirale. Öffentliche Meinung – unsere soziale Haut. Piper, Zürich/München 1980.

Papier, Hans-Jürgen, in: Handelsblatt (12.01.2016) „Unbegrenzte Einreise ist ein Fehler“, Interview mit Heike Anger

Rifkin, Jeremy, Der Europäische Traum,, Die Vision einer leisen Supermacht, Campus Verlag, Frankfurt am Main 2004

Safranski, Rüdiger, „Europa streitet“ , Die Welt, 28.09.2015

Scheuerrmann, Christoph, Die Wut der Ausgeschlossenen, Der Spiegel 15/2016, S. 84

Schimmelfennig, Frank, , „Mehr Europa – oder weniger?, Die Eurokrise und die europäische Integration“, 18.12.2014, Quelle: http://www.bpb.de

Schimmelfennig, Frank, Karl Schlöge, Grenzland Europa: Unterwegs auf einem neuen Kontinent, Carl Hanser Verlag GmbH, 2013,

Schöbener, Burkhard, Das Verhältnis des EU-Rechts zum nationalen Recht der Bundesrepublik Deutschland in : Juristische Arbeitsblätter (JA-aktuell.de) 12/2011

Sineb El Masrar, "Emanzipation im Islam - Eine Abrechnung mit ihren Feinden", Herder Verlag, 2016

Sloterdijk, Peter, „Das kann nicht gut gehen“ in: Cicero 2.2016, S. 19

Tibi, Bassam, „Euro-Islam. Die Lösung eines Zivilisationskonflikts“, Primus, 2009

Tietze, Nikola, Imaginierte Gemeinschaft, Zugehörigkeiten und Kritik in der europäischen Einwanderungsgesellschaft, Hamburg: Hamburger Edition 2012

Vogel, Joseph, in: , ‚Feuilleton spezial’, FAS, 13. März 2016, Nr. 10, S.50

Vosgerau, Ulrich, „Herrschaft des Unrechts“, in: Cicero – 12. 2015, S.96

Wagenknechts Sahra, „Reichtum ohne Gier: Wie wir uns vor dem Kapitalismus retten“. Campus, Frankfurt, März 2016

Zick, Andreas, Klein Anna, „Fragile Mitte –Feindselige Zustände- Rechtsextreme Einstellungen in Deutschland“, Friedrich-Ebert-Stiftung 2014, Zitat: S. 59, vgl. S. 18
Mit Beiträgen von Eva Groß, Andreas Hövermann und Beate Küpper, Herausgegeben für die von Ralf Melzer

Zizek, Slavoj, Blasphemische Gedanken: Islam und Moderne, Ullstein-Verlag 2015

16. ANHANG (1)

Rechte und rechtspopulistische Parteien in ganz Europa schüren die Angst vor Asylbewerbern, machen Stimmung im Internet und organisieren Demonstrationen.

Auswahl: Stand Januar/Februar 2016

.Mit einer guten Wahlbeteiligung (03/2016) glaubt SPD-Landeschef Ralf Stegner die Rechtspopulisten AfD aus dem Parlament herauszuhalten. Die Auseinandersetzung werde mit aller Härte gesucht, die Zeiten des schlanken Staats seien vorbei.

Der Rechtspopulist Geert Wilders mit seiner "Partei für die Freiheit“ (Niederlande) stellt sich in einer Parlamentsdebatte entschieden gegen die weitere Aufnahme von Flüchtlingen.

Die rechtsextreme Front National (FN) unter ihrer Chefin Marine Le Pen (Frankreich); "Raus aus Schengen" und "Schließung der Grenzen"

Die fremdenfeindliche Lega Nord (Italien) in Umfragen im Aufwind(15%).

Die rechte Freiheitliche Partei (FPÖ) könnte bei der Landtagswahl in Oberösterreich (derzeit viele Schutzsuchende) laut Meinungsumfragen kräftig zulegen

Alle drei großen Parteien - Sozialdemokraten, Rechtspopulisten und die in der Minderheit allein regierenden Liberalen – stehen hinter einer restriktiven Flüchtlingspolitik. Die Dänische Volkspartei (DF), die einen kompletten Asylstopp fordert, war danach bei der Wahl zur größten bürgerlichen Partei aufgestiegen.

Die Flüchtlingsdebatte hat den ohnehin starken rechtspopulistischen Schwedendemokraten in den vergangenen Monaten gestiegene Beliebtheitswerte beschert.

In Großbritannien profitieren parteiübergreifend die EU-Kritiker, die mehr Kontrolle über die eigenen Grenzen wollen, obwohl das Land kein Teil des Schengen-Raums ist. Die rechts-populistische Unabhängigkeitspartei Ukip um Nigel Farage erreicht fast 13 Prozent

Die Regierungspartei Fidesz unter Ministerpräsident Victor Orban (Ungarn) würde einer jüngsten Umfrage zufolge 41 Prozent der Stimmen holen

u. a.
Schweizerische Volkspartei (SVP)
Wahre Finnen (PERUS)
Fortschrittspartei (FrP),Norwegen
Kukiz-Bewegung (Polen)
Radikale Partei Oleh Ljaschkos (Ukraine)
Ordnung und Gerechtigkeit (TT) Litauen
Morgendämmerung der direkten Demokratie (Tschechien)
Alternativ Demokratesch Reformpartei (ADR) Luxemburg
Bulgarien ohne Zensur (BBT) Bulgarien
Unabhängige Griechen (ANEL)
Hrvatska stranka prava dr. Ante Starčević (Kroatien)

Linkspopulisten, antikapitalistisch, sozialistisch, kommunistisch, marxistisch

Podemos
Nouveau Parti Anticapitaliste (NPA)
Syriza
Front de Gauche (FDG)
Kommounistikó Kómma Elládas
Komunistiko Komma Elladas
Kommunisticka strana Cech a Moravy
Movimento 5 Stella (M5S)

Griechenlands linker Ex-Finanzminister Yannis Varoufakis als Leitwolf einer neuen paneuropäischen Bewegung, abgekürzt DiEM25. Vision einer Re-Demokratisierung Europas: Ziel einer transnationalen Verfassung und einer über die Grenzen hinweg gewählte Volksversammlung - bis 2025. Deshalb nennt sich die Bewegung DiEM25 (Democracy in Europe Movement 2025)

ANHANG (2)

Europa-Union Deutschland mit dem Ziel : Der europäische Bundesstaat

1. Nur geeint sind wir stark

Nur geeint sind die Staaten Europas in der Lage, Frieden und Freiheit, Stabilität, Wohlstand und soziale Sicherheit, eine lebenswerte Umwelt, Demokratie und Menschenrechte zu garantieren und die Herausforderungen der Globalisierung zu bewältigen. Die europäische Einigung kann Vorbild für die staatenübergreifende Zusammenarbeit in einer föderalen Weltordnung sein.

2. Ein europäischer Bundesstaat

Ziel der europäischen Einigung ist die Schaffung eines demokratisch-rechtsstaatlichen Bundesstaats auf der Grundlage einer Verfassung, die möglichst durch ein europaweit einheitliches Referendum bestätigt werden sollte. Der europäische Bundesstaat vertritt die gemeinsamen Interessen der Bürgerinnen und Bürger Europas und ihrer Mitgliedstaaten nach innen und außen. Er muss über die erforderlichen Handlungsmöglichkeiten verfügen. Hierzu gehören auch ein entsprechend ausgestatteter Haushalt und eigene Steuereinnahmen. Der europäische Bundesstaat hat einen demokratischen Aufbau von unten nach oben. Die Aufgaben werden auf der Grundlage klar zugewiesener Kompetenzen nach Maßgabe des Subsidiaritätsprinzips bürgernah und partnerschaftlich auf der kommunalen, regionalen, mitgliedstaatlichen und europäischen Ebene wahrgenommen.

3. Europa als Wertegemeinschaft

Der europäische Bundesstaat ist gegründet auf die in der Menschenrechtskonvention des Europarats und der Europäischen Charta der Grundrechte niedergelegten Werte, zu denen vor allem die Unantastbarkeit der Menschenwürde und die unveräußerlichen Rechte des Einzelnen gehören. Diese Werte sind Ziel und Maßstab seines politischen Handelns. Demokratie und Menschenrechte auf friedliche Weise zu fördern, verpflichtet die Europäische Union zu einer besonders engen Zusammenarbeit mit den Staaten in der Welt, die ebenfalls friedlich für Demokratie und Menschenrechte eintreten.

4. Ein Europa der kulturellen Vielfalt

Die kulturelle und sprachliche Vielfalt sind der Reichtum Europas; sie sind Quelle der europäischen Identität. Es ist Aufgabe des europäischen Bundesstaats, diese kulturelle Vielfalt zu schützen und zu fördern. Hierzu gehören auch die Begegnung und die Verständigung mit anderen Kulturen und Lebensverhältnissen und der Erwerb von Fremdsprachen.

5. Eine repräsentative Demokratie für Europa mit starker Bürgerbeteiligung

Der europäische Bundesstaat beruht auf der repräsentativen Demokratie mit Möglichkeiten der direkten Bürgerbeteiligung. Das Europäische Parlament wählt die europäische Regierung, deren Vorgängerin die Europäische Kommission ist. Es hat das Initiativrecht und beschließt gleichberechtigt mit einer Staatenkammer, dem Rat, über Einnahmen und Ausgaben sowie alle europäischen Gesetze.

6. Ein Europa der Teilhabe und Transparenz

Der politische Entscheidungsprozess im europäischen Bundesstaat ist gekennzeichnet durch ein hohes Maß an Transparenz und bietet allen Bürgerinnen und Bürgern vielfältige Möglichkeiten der Mitwirkung und Beteiligung. Die direkte Wahl des Europäischen Parlaments auf der Grundlage eines einheitlichen Wahlrechts ist Ausdruck des politischen Zusammenwachsens. Die europäischen Bürgerinnen und Bürger haben im Wohnsitzland ein aktives und passives Wahlrecht auf allen politischen Ebenen.

7. Eine identitätsstiftende europäische Öffentlichkeit

Die Herausbildung einer europäischen Öffentlichkeit ist unerlässlich für die Verwirklichung der europäischen Demokratie. Hierzu gehören eine umfassende europapolitische Berichterstattung sowie ein aktiver Dialog der europäischen Institutionen und Bürger. Die Bürgerinnen und Bürger bringen sich dabei aktiv in dem Selbstverständnis ein, dass alle Souveränität letztlich von ihnen ausgeht. Auch die politischen Parteien leisten einen wichtigen Beitrag, indem sie sich zu europäischen Parteien zusammenfinden, mit transnationalen Listen zu den Europawahlen antreten und Spitzenkandidaten und -kandidatinnen für die Europawahl vorschlagen.

8. Ein Europa der freien Entfaltung, der Solidarität und des Wohlstands

Das Handeln des europäischen Bundesstaats dient dem Wohl der hier lebenden Bürgerinnen und Bürger. Das europäische Gesellschafts- und Sozialmodell muss bewahrt und weiterentwickelt werden. Der europäische Bundesstaat und seine Mitgliedstaaten haben die Verpflichtung, in einem solidarischen Geist Gerechtigkeit, die Möglichkeit zu freier Entfaltung und Wohlstand für alle zu schaffen. In seiner Politik fördert der europäische Bundesstaat den sozialen Ausgleich und orientiert sich an den Prinzipien der sozialen Marktwirtschaft. Nicht alles muss dabei auf europäischer Ebene geregelt werden, aber sie muss den Rahmen schaffen und Mindeststandards setzen. Die Angleichung der Lebensverhältnisse auf hohem Niveau innerhalb des europäischen Bundesstaats ist eine wesentliche Voraussetzung für seinen Bestand.

9. Ein nachhaltiges Europa für die zukünftigen Generationen .

Der europäische Bundesstaat trägt besondere Verantwortung für den Schutz der natürlichen Lebensgrundlagen sowie einen schonenden und effizienten Umgang mit den natürlichen Ressourcen in Europa und in der Welt. Der Rohstoff- und Energieabhängigkeit kann Europa am besten gemeinschaftlich begegnen. Hierzu gehört das Umsteuern hin zu einer nachhaltigen, auf erneuerbare Energiequellen gestützten Wirtschaft.

10. Eine gemeinschaftliche Wirtschafts- und Währungspolitik .

Der Euro ist die gemeinsame Währung des europäischen Bundesstaats; für seine Stabilität ist die unabhängige Europäische Zentralbank verantwortlich. Die Europäische Union und ihre Mitgliedstaaten tragen durch eine gemeinsame Wirtschafts-, Finanz- und Haushaltspolitik hierzu bei und setzen klare Regeln für die Finanzmärkte. Eine solide und nachhaltige Haushalts- und Finanzpolitik bei effektiver Schuldentilgung und ein solidarisches Füreinander sind Voraussetzung für eine nachhaltige wirtschaftliche und soziale Entwicklung in Europa und für eine starke Gemeinschaftswährung.

11. Eine europäische Außen- und Sicherheitspolitik für den Frieden .

Die Außenpolitik, einschließlich der Sicherheits- und Verteidigungspolitik, ist Angelegenheit des europäischen Bundesstaats, der seine Mitglieder mit Sitz und Stimme in allen internationalen Organisationen vertritt. Ziel der gemeinsamen Politik ist es, zu Frieden, Verwirklichung der Menschenrechte, Demokratie, Stabilität, zu einem verantwortlichen Umgang der Weltgemeinschaft mit natürlichen Ressourcen und der Bekämpfung von Armut und Hunger in der Welt beizutragen.

12. Ein offenes Europa

Der europäische Bundesstaat ist offen für alle europäischen Staaten, die die Beitrittskriterien erfüllen, sich zu seinen Zielen und Werten bekennen und ihnen dauerhaft Geltung verschaffen.

ANHANG (3)

Hertensteiner Programm der Europaeischen Foederalisten vom 21.9.1946

Das Hertensteiner Programm wurde vom 14. bis 21. September 1946 in Bern und in Hertenstein am Vierwaldstättersee (Schweiz) auf der Konferenz von Vertretern aus 12 europäischen Ländern (Belgien, England, Frankreich, Griechenland, Holland, Italien, Liechtenstein, Polen, Österreich, Schweiz, Spanien, Ungarn) und den USA ausgearbeitet.

„Die Konferenz wurde vom Willen beherrscht, einen vernünftigen Weg zu finden, um eine auf föderativer Grundlage zu schaffende europäische Gemeinschaft als Bestandteil einer Weltunion zu befähigen, sowohl dem nationalistischen Machtrausch wie dem wirtschaftlichen Nationalismus erfolgreich entgegenzuwirken."

Das Aktionsprogramm hat folgenden Wortlaut: Die unten angeführten zwölf Punkte des Aktionsprogramms der "Aktion Europa-Union" wurde entnommen aus: Die Friedens-Warte, "Die Aktion Europa-Union", S 68 bis 70, 1946, Heft 1)

Ziffer 1	Eine auf foederativer Grundlage errichtete europaeische Gemeinschaft ist ein notwendiger und wesentlicher Bestandteil jeder wirklichen Weltunion.
Ziffer 2	Entsprechend den foederalistischen Grundsaetzen, die den demokratischen Aufbau von unten nach oben verlangen, soll die europaeische Voelkergemeinschaft die Streitigkeiten, die zwischen ihren Mitgliedern entstehen koennten, selbst schlichten.
Ziffer 3	Die Europaeische Union fuegt sich in die Organisation der Vereinten Nationen ein und bildet eine regionale Koerperschaft im Sinne des Art. 52 der Charta.
Ziffer 4	Die Mitglieder der Europaeischen Union uebertragen einen Teil ihrer wirtschaftlichen, politischen und militaerischen Souveraenitaetsrechte

an die von ihnen gebildete Foederation.

Ziffer 5 Die Europaeische Union steht allen Voelkern europaeischer Wesensart, die ihre Grundgesetze anerkennen, zum Beitritt offen.

Ziffer 6 Die Europaeische Union setzt die Rechte und Pflichten ihrer Buerger in der Erklaerung der Europaeischen Buergerrechte fest.

Ziffer 7 Diese Erklaerung beruht auf der Achtung vor dem Menschen in seiner Verantwortung gegenueber den verschiedenen Gemeinschaften, denen er angehoert.

Ziffer 8 Die Europaeische Union sorgt fuer den planmaessigen Wiederaufbau und fuer die wirtschaftliche, soziale und kulturelle Zusammenarbeit, sowie dafuer, dass der technische Fortschritt nur im Dienste der Menschheit verwendet wird.

Ziffer 9 Die Europaeische Union richtet sich gegen niemand und verzichtet auf jede Machtpolitik, lehnt es aber auch ab, Werkzeug irgend einer fremden Macht zu sein.

Ziffer 10 Im Rahmen der Europaeischen Union sind regionale Unterverbaende, die auf freier Uebereinkunft beruhen, zulaessig und sogar wuenschenswert.

Ziffer 11 Nur die Europaeische Union wird in der Lage sein, die Unversehrtheit des Gebietes und die Bewahrung der Eigenart aller ihrer Voelker, grosser wie kleiner, zu sichern.

Ziffer 12 Durch den Beweis, dass es seine Schicksalsfragen im Geiste des Foederalismus selbst loesen kann, soll Europa seinen Beitrag zum Wiederaufbau und zu einem Weltbund der Voelker leisten.